Hans Lewald

Danzig - so wie es war

Hans Lewald

DANZIG

so wie es war

Droste Verlag Düsseldorf

Redaktion und Layout: Kitty Rehmer
Nachwort: Manfred Lotsch
3. Auflage 1979

Gesamtherstellung: Rheindruck Düsseldorf GmbH
ISBN 3-7700-0349-7

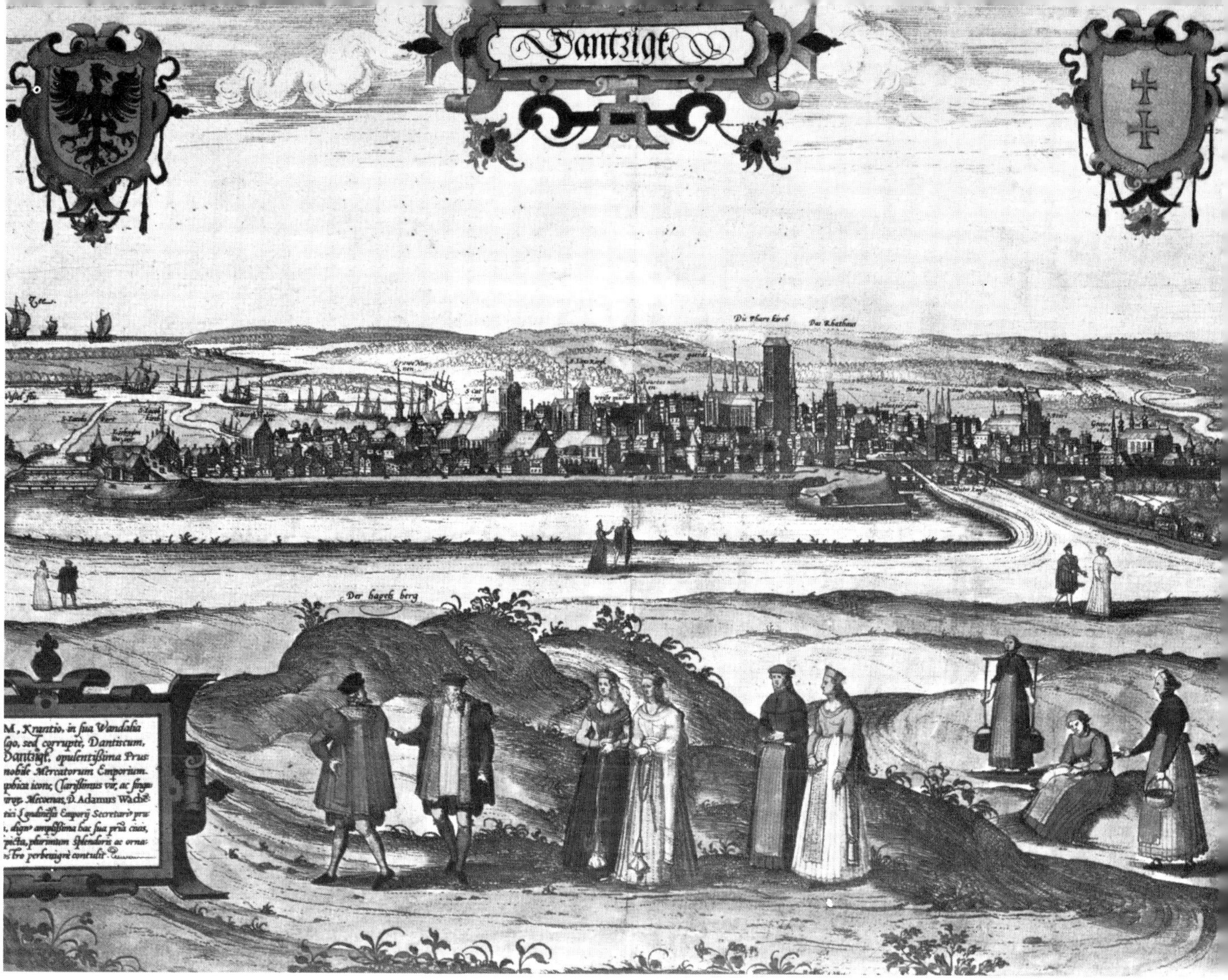

Ältestes bekanntes Bild der Stadt um 1573, aus dem Städtebuch von Braun und Hogenberg, 1575 in Köln erschienen

Der Blick vom Bischofsberg vermochte den aufmerksamen Betrachter zu lehren: Die Stadt vor dir besitzt eine lange Geschichte; Jahrhunderte haben ihr Zeit gegeben, zu wachsen und so viele Zeugen ihres Wachstums unzerstört bis in die Gegenwart zu erhalten. Giebel und Türme dort unten überragte beherrschend der Bau von Sankt Marien, zwar nicht die älteste, jedoch die größte Kirche der Stadt, deren endgültige Gestalt von der Mitte des vierzehnten Jahrhunderts an allmählich entstand und 1502 abgeschlossen wurde. Nordwestlich davon, und schon außerhalb des Stadtkerns gelegen, ragte ein etwa gleich hohes Gebilde ganz anderer Art hervor: der Hammerkran der Schichau-Werft, ein Werk des zwanzigsten Jahrhunderts. Vergangenheit und Gegenwart sprachen den Betrachter somit in einem einzigen Augenblick schon an, und wenn er sich weiter umsah, umfaßte er den Raum, innerhalb dessen die Geschichte dieser Stadt sich ereignet hat: Im Südosten die Niederung des Werders, das an seinem nördlichen Rande der nun gebändigte Teil der Weichsel durchschnitt, oft nur von einer schmalen Nehrung von der Ostsee getrennt, in die der Wasserarm endlich mündete, nachdem er die Stadt gestreift hatte und nördlich von ihr vor allem als Hafen diente.

Der Betrachter selbst stand auf einem Ausläufer des Baltischen Höhenzuges, der die Stadt im Westen berührte, sie und ihre Vororte umschloß und sich nördlich von Zoppot, bei Adlershorst, hart an den Teil der Ostsee drängte, dem die Stadt ihren Namen gegeben hatte: Danziger Bucht.

Nicht ganz gesichert ist die Herkunft des Ortsnamens, von dem man nur annehmen kann, daß er auf den gotischen Gaunamen Gothiscandza zurückgeht, später durch slawische Bewohner des Landes in Gdansk und durch Deutsche dann in Danzig umgewandelt worden ist. Zum erstenmal wird der Name in der von Kanaparius, dem Abt von St. Alexius in Rom, verfaßten Lebensbeschreibung des heiligen Adalbert erwähnt: Gyddanyzc.

Vermutlich schon seit dem zehnten Jahrhundert bestand an der Mottlau, kurz bevor sie in die Weichsel mündet, eine Burgsiedlung, in der die Fürsten des Landes, Fischer und Handwerker wohnten. Gegen Ende des zwölften Jahrhunderts wurde am Rande dieser Siedlung St. Katharinen als älteste Kirche des Burgbezirkes gebaut. Entscheidend für die weitere Entwicklung wurde, daß der Fürst Sambor von Danzig kurz vor 1178 Zisterziensermönchen aus dem Kloster

Stadtplan – Anonymer zeitgenössischer Kupferstich der Belagerung Danzigs 1734

Kolbatz bei Stettin gestattete, sich nordwestlich des Burgbezirks in dem von ihnen Oliva genannten Ort niederzulassen und auf den von ihm geschenkten Ländereien am 18. März 1178 das erste ostdeutsche Kloster zu gründen. Die Zisterzienser erhielten dabei Anteil an Zolleinnahmen einer Marktsiedlung, die sich südlich des Burgbezirks an der Stelle des späteren Langen Marktes gebildet hatte und mit dem Koggentor an die Mottlau grenzte, wo eine Landebrücke errichtet war, deren technische Unterhaltung den darin erfahrenen Mönchen übertragen war. Außerdem wurde ihnen erlaubt, eigene Schiffahrt zu Handelszwecken zu betreiben.

Innerhalb dieser Marktsiedlung wurden deutsche Kaufleute, teilweise aus Lübeck, ansässig. Als Binnen- und Seehandel und mit ihnen die Anzahl deutscher Händler wuchsen, entschloß sich Fürst Swantopolk von Pommerellen, die Siedlung in eine Stadt deutschen Rechtes zu verwandeln. Es geschah um 1224, zugleich mit der Gründung einer neuen Kirche, St. Marien. So entwickelte sich der Bezirk der sogenannten Rechtstadt. Die Stadtmauer verlief im Bereich der späteren Hundegasse, Bertholdschen Gasse, Kürschnergasse, Heiligen-Geist-Gasse, Ziegengasse und Postgasse.

Nachdem das Geschlecht der Herzöge von Pommerellen 1294 ausgestorben war, hielten Erbstreitigkeiten um die Herrschaft auch um das Gebiet Danzigs an. Als zwischen Brandenburg, Böhmen und dem Herzog Wladislaw Lokietek von Großpolen und Kujawien keine Einigung möglich schien, rief der Herzog 1308 den schon mächtig gewordenen Deutschen Orden zu Hilfe, dem es gelang, 1309 im Vertrag von Soldin das umstrittene Land und Danzig für zehntausend Mark Silber von Brandenburg zu kaufen. Diesem Wechsel der Landesherrschaft stimmten Kaiser und Papst zu; und König Kasimir von Polen erkannte sie 1343 an. Über hundert Jahre lang blieb Danzig nun gegen äußere Wirren gesichert. An der Stelle des alten Herzogschlosses wurde eine Ordensburg errichtet.

Der Handel erstreckte sich allmählich zu führenden Ländern Europas, und diesem Aufschwung entsprach das Wachstum der Bevölkerung so sehr, daß außerhalb der Rechtstadt neue Ansiedlungen für Handwerker und Kaufleute notwendig wurden: die nördlich des Burgbezirks um St. Johann entstehende Neustadt; die aus dem erweiterten Burgbezirk erwachsene Altstadt (weil auf dem Boden der alten Fischersiedlung

Blick vom Bischofsberg. Im Hintergrund St. Marien, der Turm des rechtstädtischen Rathauses und St. Trinitatis

stehend) mit St. Bartholomäus; die südlich der Rechtstadt sich entwickelnde Vorstadt mit St. Peter und Paul und St. Trinitatis, ferner die östlich von der Speicherinsel angelegte Niederstadt mit St. Barbara. Erst ein langer Entwicklungsprozeß vereinigte alle Bezirke.

Seit 1361 Mitglied der Hanse, löste sich Danzig aus der seit 1410 niedergehenden Herrschaft des Ordens, sagte sich 1454 von ihm los, erkannte die Schutzhoheit des Königs von Polen an, war mit dem Königreich seit 1457 durch Personalunion verbunden und wurde durch besondere Verträge ein mit seinem Hinterland fast unabhängiger Freistaat. Die wirtschaftliche Blütezeit erlebte es im sechzehnten Jahrhundert bis ins siebzehnte hinein, eine Zeit, die das Bild des Stadtkerns bis in unser Jahrhundert geprägt hat.

Immer bestrebt, seine staatliche Unabhängigkeit zu erhalten, gelang es Danzig, nicht ohne mehrfache Gefährdung, bis gegen Ende des achtzehnten Jahrhunderts eine Freie Stadt zu bleiben. Seit 1772 war Westpreußen durch die erste polnische Teilung schon preußisch geworden. Die wirtschaftliche Abschnürung vom Hinterland, nicht ohne Züge einer Wirtschaftsblockade, bewog den Rat im Frühjahr 1793, im Zuge der zweiten polnischen Teilung dem König von Preußen zu huldigen. Die Wirren der Napoleonischen Kriege lösten die Stadt von 1807 bis 1814 noch einmal aus dem preußischen Staatsverband. Danach war sie von 1816 bis 1824 und von 1878 bis 1920 Hauptstadt der Provinz Westpreußen, bis sie gegen den Willen der Bevölkerung durch den Zwang des Vertrages von Versailles vom Reich gelöst und am 15. November 1920 zur Freien Stadt erklärt wurde und mit ihrem Hinterland den Freistaat bildete. Die politische Problematik dieser Existenz wurde nur scheinbar gelöst, als am 1. September 1939 im Morgengrauen die ersten Schüsse des Zweiten Weltkrieges im Hafen von Neufahrwasser fielen.

»Danzig, wie es war« erscheint in diesem Bande als die Hauptstadt der Provinz Westpreußen, als die »Freie Stadt« und als die Stadt einer langen Geschichte.

Wie die Reisenden früherer Zeiten nähern auch wir uns bei unserer Ankunft von Westen dem Hohen Tor, so genannt, weil der Weg hinaus zur Danziger Höhe führte. Sein Gegenstück besaß es in dem der Niederung zugewandten Leegen (niederen) Tor im Süden der Stadt. Von 1574 bis 1576 wurde der Kern des Hohen Tores gemauert, dessen künstlerische

Gestaltung durch Wilhelm von dem Blocke 1588 vollendet wurde. Seither unterbrach es die westliche Umwallung der Stadt und bildete ihren repräsentativsten Zugang, bis die Wälle 1895–1897 niedergelegt wurden. Ein Teil der Stadtgeschichte sprach aus dem Schmuck der Stirnseite: Das Wappen Westpreußens, das Wappen der polnischen Könige und das Wappen der Stadt. Seit 1904 war im Hohen Tor die Hauptwache untergebracht, während in der Freistaatzeit der Norddeutsche Lloyd hier ein Reisebüro unterhielt. An der Nordseite des Tores begannen die Straßenbahnlinien 1 nach Langfuhr und 2 nach Oliva ihre stadtauswärts führende Strecke, während an der Südseite vorbei die vom Heeresanger in Langfuhr kommende Linie 5 weiter der Weidengasse zustrebte, zum gleichen Ziel auch die vom Hansaplatz heranfahrende Linie 3. Die ebenfalls dort beginnende Linie 4 führte nach Heubude, und die Linie 6 bog hier, aus Ohra kommend, in die Reitbahn ein, um von dort erneut aus der Stadt zu fahren.

Hohes Tor und Stockturm Mitte des vorigen Jahrhunderts

Hohes Tor und Stockturm in den dreißiger Jahren. Links das Hotel Danziger Hof, rechts hinten die St. Georgshalle

Umsteigende Fahrgäste überquerten meistens die Stelle des ehemaligen Wallverlaufs, also dort, wo früher vom Hohen Tor zwei Gewölbegänge das ältere Doppeltor der Rechtstadt umgingen. Als Doppeltor war der Gebäudekomplex der Peinkammer und des Stockturms nicht mehr ohne weiteres erkennbar. Vor allem die auf einen mittelalterlichen Kern gesetzten und 1593 vollendeten vier Giebel der Peinkammer erschwerten, zu glauben, daß sich dahinter einmal die Folterräume für gefangene Verbrecher befunden hatten. Der Stockturm (Stock, ein hölzernes Instrument zur Fesselung), seit 1346 vorhanden, aber erst seit 1509 in seiner gewohnten Gestalt bestehend, war Jahrhunderte hindurch das Stadtgefängnis. Hohes Tor, Peinkammer und Stockturm waren für den Besucher ein architektonisches Erlebnis; in der Folge dieser Gebäude erhob sich ein Dach in seiner eigentümlichen Konstruktion über das andere, und diese Steigerung bereitete gleichsam den Blick auf die Langgasse, Hauptstraße der Rechtstadt, vor.

Anfang des Dominikswalles. Am Hohen Tor Beginn der Straßenbahnlinien 1 und 2

Langgasser Tor mit Stockturm und St.-Georgs-Halle

Bevor er aber das Langgasser Tor durchschritt, begegnete der Besucher einem nicht zu übersehenden Gebäude unmittelbar links neben dem Tor, der jetzt sogenannten St.-Georgs-Halle. 1489–1494 als Schießhalle der St.-Georgen-Brüderschaft erbaut, zog sich ihr zur Linken der Scheibenstand auf dem Gelände hin, das in unserer Zeit das Kaufhaus der Gebrüder Freymann einnahm. Zu Beginn des Jahrhunderts war in der St.-Georgs-Halle noch die Hauptwache untergebracht, bis sie nach über hundert Jahren 1904 ihren Standort wechselte. Das obere Stockwerk wurde der Städtischen Kunstschule eingeräumt. An den ursprünglichen Zweck des Gebäudes erinnerte indessen auf der Spitze des Türmchens die Figur St. Georgs, einen Drachen tötend.

Wer das Langgasser Tor zur Hauptverkehrszeit passierte, verweilte oft in Höhe der St.-Georgs-Halle und beobachtete den Verkehr, der sich schon damals wie durch ein Nadelöhr zwängen mußte, um den Kohlenmarkt oder die Langgasse zu erreichen. Pferdebahn, Droschken, Radfahrer und die ersten Automobile, später auch die elektrischen Straßenbahnen dreier Linien, Lastwagen, Fuhrwerke und Handkarren zogen am Betrachter vorüber, alle in wechselnden Richtungen durch die nur einbahnige Hauptwölbung des Langgasser Tores.

Ursprünglich Teil der alten, die Rechtstadt umschließenden Stadtmauer, wurde dieses Tor, als sich die Stadt erweiterte, als Befestigungswerk zwecklos. Der Magistrat beschloß daher seinen Umbau zum Prunk- und Saalbau. Abraham von dem Blocke übernahm 1612 diesen Auftrag und schuf einen an italienischen Vorbildern orientierten Renaissancebau. Von dessen Giebel sahen stadtauswärts die allegorischen Gestalten des Friedens, der Freiheit, des Reichtums und des Ruhmes, während Weisheit, Frömmigkeit, Gerechtigkeit und Eintracht den der Stadt zugewandten Giebel schmückten.

Stockturm, vom Kohlenmarkt aus gesehen

Giebel der Peinkammer zwischen Stockturm und Hohem Tor

Hatte sich hinter dem Tore die Langgasse geöffnet, stand der Besucher in der Hauptstraße der Rechtstadt, die im Laufe der Jahrhunderte zur Hauptstraße Alt-Danzigs geworden war. Das Wort »Straße« klingt in diesem Zusammenhang seltsam, denn auf dem Boden des alten Stadtkerns kannte man nur Gassen, und die Burggrafenstraße (eigentlich Burggrabenstraße) bildete die einzige Ausnahme. Die Langgasse nun strebte, wie ihre Parallelgassen der Rechtstadt, die Hundegasse, die Jopengasse und ihre Verlängerung, die Brotbänkengasse, dann die Frauengasse, die Heilige-Geist-Gasse, die Breitgasse, die Johannis-, Häker- und Tobiasgasse der Mottlau zu, von der sie wie jene durch ein Tor abgeschlossen wurde, nachdem sie sich zum Langen Markt verbreitert hatte.

Am Pranger des Stockturms

St. Georgshalle, als sie noch Hauptwache war. Daneben Teil des Langgasser Tores, des Haupteingangs in die Rechtstadt

Nordwestlicher Teil der Langgasse, im Hintergrund Langgasser Tor und Stockturm

Festsaal des Uphagenhauses

Blick von der Langgasse durch die Beutlergasse auf St. Marien

Mit der leichten Krümmung der Langgasse hing es zusammen, daß sie zunächst vom rechtstädtischen Rathaus abgeschlossen zu sein schien, dessen schlankem Turm der Blick des Betrachters immer wieder begegnete. Alte und neue Zeit durchdrang sich hier. Die Giebel der Häuser sprachen überwiegend von der Renaissanceperiode der Stadt, aber sie waren keine ungebrochenen Zeugen mehr. Ein Vergleich mit einer Radierung von Johann Karl Schultz aus dem Jahre 1859 zeigt, daß Beischläge und Bäume dem wachsenden Verkehr hatten weichen müssen. In die Erdgeschosse der meisten Häuser waren Geschäfte hineingebrochen, Cafés, zum Beispiel Café Schubert und Café Vaterland, das während des Krieges zum Tobis-Palast umgebaut wurde und den benachbarten Rathaus-Lichtspielen Konkurrenz bot. Das Gebäude der Hauptpost unterbrach die schon vertraute Giebelfolge. Der Verkehr der Großstadt erforderte, daß in den Nachmittagsstunden ein Polizist auf der Kreuzung Langgasse/Große Gerber- und Große Wollwebergasse dessen Strom regulierte. Je nach dem Standpunkt des Besuchers mochte der eine sich an den Zeichen seiner Zeit erfreuen und etwa die Auslagen des Kaufhau-

Blick von St. Marien auf den Rathausturm. In Höhe des Turmhelms die Giebelkette der Speicherinsel

ses Sternfeld – Langgasse, Ecke Große Wollwebergasse – betrachten, während ein anderer bedauerte, daß vieles Alte und künstlerisch Wertvolle hatte weichen müssen. Ihn erfreute dann um so mehr ein Schatzkästlein, das unberührt den Wandel der Zeiten bestanden hatte, das zwischen der Großen Gerbergasse und der Postgasse gelegene Uphagen-Haus, das sich der Ratsherr Johann Uphagen 1776 hatte erbauen lassen. Als Repräsentant städtischer Wohnkultur unterstand es nun der öffentlichen Pflege und durfte besichtigt werden. Hier war im schönsten Sinne des Wortes die Zeit stehengeblieben: Rokoko in Danzig.

Ganz anders wirkte das Gebäude, an dessen Mauern das Getriebe einer Hauptgeschäftsstraße sich brach, dessen schlanken Turm es nicht berührte: das rechtstädtische Rathaus. Wie in der Gestalt der St. Georgshalle, so begegnete dem Betrachter auch hier überwiegend ein Zeugnis flandrischer Gotik. Freilich war dies mit seiner Breitseite der schmalen Gasse und mit seiner Schmalseite dem breiteren Langen Markt zugewandte Gebäude innerhalb verschiedener Zeitabschnitte zu seiner endgültigen Gestalt gewachsen. Ursprünglich von 1378 bis 1382 durch den Baumeister Heinrich Ungeradin nur zweigeschossig errichtet, erhielt es 1465 einen Turm, der nach 1486 erhöht wurde. Hinzu kam der die Schmalseite wirkungsvoll krönende Schaugiebel mit den beiden Ecktürmchen. 1560 wurde der vier Jahre zuvor abgebrannte Turm durch Dirk Daniels in der uns gewohnten Form wiedererrichtet. Ein Jahr darauf erhielt er das eigens in Brabant gegossene Glockenspiel, dessen so vertraute Weisen bis in unsere Zeit erklangen. Zum Streitpunkt wurde die Bedeutung der die Turmspitze abschließenden Figur. War es nur ein »güldener Kerl«, wie es eine zeitgenössische Rechnung des Rates formulierte, oder bildete sie den polnischen König Sigismund II. August ab, wie der Maler Johann Carl Schultz meint, der jene Figur anläßlich einer Reparatur 1854 genau betrachtet und vermessen hat und auf eine Porträtähnlichkeit verweist? Eindeutig aber blieb, was jene in Kupfer getriebene und vergoldete Figur in der rechten Hand hielt: eine Wetterfahne mit dem Danziger Wappen und darüber, an einer Spitze schwebend, eine Kogge, Zeichen der Handels- und Seefahrerstadt, über achtzig Meter Dächer und Giebel überragend.

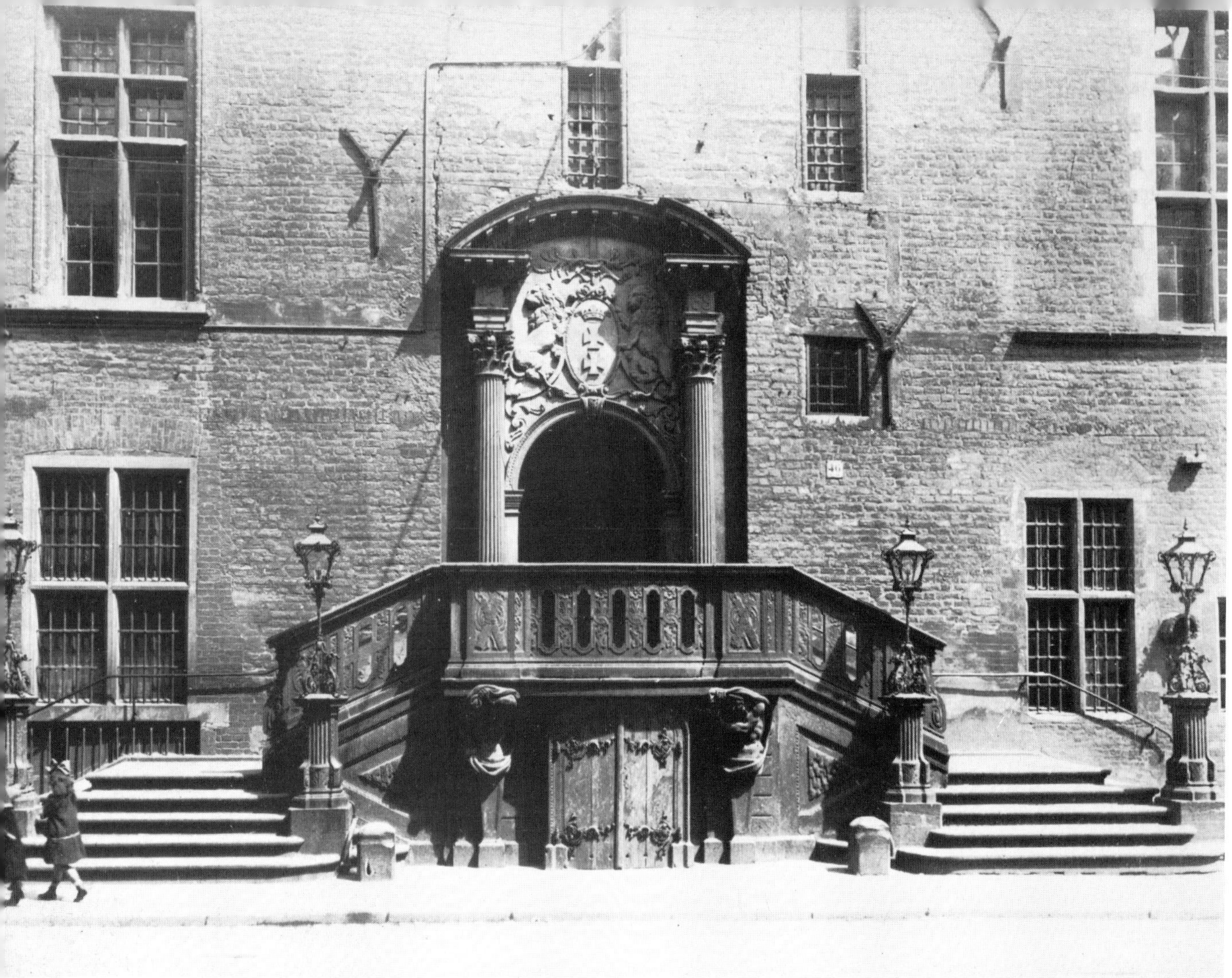

Portal des rechtstädtischen Rathauses am südöstlichen Teil der Langgasse

Pechfackel an der Rathauswand

Eigentümlich wirkte das der Langgasse zugewandte Portal, das in der uns gewohnten Form der schwedische Bildhauer Daniel Eggert 1768 geschaffen und mit einer zweiläufigen Freitreppe verbunden hatte. Zwei das Danziger Wappen haltende Löwen überragten den Portalbogen. Es wäre schwer zu begründen, warum der Gesamteindruck dieses Gebäudes, die spätgotischen Formen des Mauerwerks, der Renaissancehelm des Turmes und das beinahe schon klassizistische Portal den Betrachter harmonisch berührten.

Portal des Rennerstifts

Eingang zum ersten Polizeirevier

Eichmaße am Rathaus (Fuß, Elle, Rute)

Vielerlei Umbauten hatten sich im Rathaus während seiner langen Geschichte vollzogen; aber wie man auch im einzelnen darüber denken mochte: als schönster Innenraum galt der nach der Farbe seiner Tapete so genannte Rote Saal, der den Sitzungen des Magistrats diente. Die Gestaltung der Decke und deren Gemälde fesselte vor allem den Besucher. In symbolischer Form hatte hier Isaac von dem Blocke zwischen 1606 und 1609 Augenblicke aus der Geschichte der Stadt festgehalten. Erst 1842 hatte der Weiße Saal, in dem nun die Stadtverordneten tagten, sein uns vertrautes Gesicht erhalten, insbesondere durch seine vier Sterngewölbe, die gleichsam von einer Granitsäule aufgefangen wurden.

Der Rote Saal im rechtstädtischen Rathaus

Langer Markt mit Blick auf das Grüne Tor, vor 1914

Nur die Große Krämergasse und zwei Wohnhäuser trennten den an der Nordseite des Langen Marktes gelegenen Artushof vom rechtstädtischen Rathaus, und dennoch vermochte dieses eigenständige Gebäude zusammen mit dem ihm vorgelagerten Neptunsbrunnen die Betrachter ganz für sich einzunehmen – bei allen architektonischen Akzenten, die der Lange Markt sonst noch bot. An Stelle eines eingeäscherten Vorgängers entstand der Artushof als Zeugnis wirtschaftlichen Wohlstandes 1477–1481 noch vor der St.-Georgshalle. Lange Zeit hindurch diente der Artushof seinem ursprünglichen Zweck, Trinkhalle der Bürger höherer Stände zu sein. Dabei entwickelte sich allmählich eine besondere Sitzordnung, wonach die Gäste sich um bestimmte Bänke gruppierten. Diese Gruppen bildeten sich nach der Zugehörigkeit zu einer Nation oder zu einer Vermögensgruppe. Jeder dieser Gruppen gehörten ein Vogt und ein Schreiber an. Zuzeiten wurde im Artushof auch Gericht gehalten. Seit 1742 bis in unsere Zeit hinein fand hier die Börse statt. Während der Belagerung von 1813 befand sich vorübergehend ein Lazarett in der Halle; zeitweise regierte auch von hier aus die französische Militärverwaltung, die nach der Kapitulation ihre Anhänglichkeit an manchen beweglichen Gegenständen sehr nachdrücklich bewies.

Der Lange Markt, in den die Langgasse mündet, vom Grünen Tor aus gesehen – vor 1914

Langer Markt: Neptunsbrunnen vor dem Artushof

Die aus Sandstein erbaute und 1552 vollendete neue Fassade konnte den ursprünglich gotischen Charakter des Gebäudes nicht gänzlich verwandeln, doch spricht er sich deutlicher durch die Gestalt der von der Brotbänkengasse aus sichtbaren Rückseite aus. Im Inneren überwog der Eindruck der ursprünglichen Bauweise, obwohl auch spätere Epochen ihre Zeichen hinterlassen haben. Vier Granitsäulen trugen die an gotische Kirchen erinnernden hohen Steingewölbe, und das Licht brach sich durch sechs spitzbogige Fenster. Die Inneneinrichtung, erst allmählich entstanden durch die zeitlich sehr verschiedenen Aufträge der einzelnen Bruderschaften, war zu mannigfaltig, als daß dem Betrachter ein einmaliger Besuch hätte genügen können. Unübersehbar blieb Anton Möllers Gemälde vom Weltgericht, unübersehbar die noch sehr mittelalterliche Holzplastik des heiligen Georg, der über den Drachen reitet. Berühmt war auch Georg Stelzners zwölf Meter hoher Kachelofen (1545/46), eigenartig berührten die Hirschgeweihe, an die Blütezeit der Stadt erinnernde, von der Decke hängende Schiffsmodelle, und immer wieder – zwar in verschiedener Qualität – bildliche Darstellungen zur Geschichte der Stadt oder zu biblischen Vorgängen.

Rückfront des Artushofes in der Brotbänkengasse und Rathausturm

Der Artushof und Bürgerhäuser ▷

Saal des Artushofes ▷

Diele im Artushof ▷

Blick von St. Marien auf die Brotbänkengasse

Vor dem Eingang aber lebte seit mehr als dreihundert Jahren der Neptunsbrunnen, und hier lohnt es sich, von Leben zu sprechen, denn nicht nur das ununterbrochene, vertraute Rauschen des Wassers rief diesen Eindruck hervor, sondern die Gestalt des seinen Dreizack schwingenden Meeresgottes und die ebenso dynamisch wirkenden Tiergestalten. Taten es nicht ebenso die kreisenden Muster der geschmiedeten Gittertüren? Abraham von dem Blocke und Adrian de Vries hatten 1633 mit diesem Werk eine Erinnerung an glückliche Zeiten unserer Stadt geschaffen.

Kellereingang mit Koggen auf dem Langen Markt

Der Lange Markt, nun in seiner ganzen Ausdehnung erkennbar, bildete einst gleichsam das Forum der Kaufmannschaft. Seine Häuser besaßen, was die Häuser der Langgasse schon im vorigen Jahrhundert hatten opfern müssen: wohlerhaltene Beischläge, wie sie nur noch in einigen Parallelgassen der Langgasse existierten. Auf diesen den Häusern vorgelagerten Terrassen, die nach der Straße zu durch steinerne, vielfach verzierte Brüstungen oder durch kunstgeschmiedete Gitter abgeschlossen waren, spielte sich in früherer Zeit ein Teil des alltäglichen Lebens der Bewohner ab. Besonders in der warmen Jahreszeit dienten diese Beischläge als Ruheplatz, als Plauderecke, als Tafelplatz mit den Gästen oder gar zum Spiel der Kinder, waren mit Blumen geschmückt, und die Bewohner lebten im Freien und waren doch zu Hause. Zu selten in unserer Zeit waren die Zeichen eines solchen Lebens, die man in ihrer Fülle nur auf alten Bildern wiederfinden konnte, etwa bei Daniel Chodowiecki oder bei Johann Karl Schultz. Auf der Nordostseite des Langen Marktes reihten sich die Pferdedroschken, später Taxis in immer modernerer Bauart, während über die Mitte des Marktes erst die Pferdebahn, dann die Elektrische mit noch offenen Plattformen, dann die zuletzt gewohnten elfenbeinfarbenen Wagen mit ihren Anhängern vorüberrollten, sich in den Fenstern ehemaliger Patrizierhäuser spiegelnd, deren wohl schönstes das sogenannte Steffenssche Haus (ehemals Speymannsches Haus) gewesen ist. Im Auftrage seines ersten Besitzers, des Ritters Hans Speymann von der Speye, hatte der Bildhauer und Steinmetz Hans Voigt die Fassade zwischen 1609 und 1617 mit Skulpturen geschmückt. Waffen und Trophäen, antike symbolische Motive erblickte der Betrachter hier, vier Statuen krönten die oberste Balustrade. Der Verzicht auf den sonst gewohnten spitzen Giebel zugunsten einer Attika, hinter der das von einer Symbolfigur abgeschlossene Walmdach erscheint, erinnert an die Formen des Artushofes und unterscheidet das Steffenssche Haus von allen Wohnhäusern des Langen Marktes.

Langer Markt: Einer der kunstvollen Beischläge von 1600 ▷

Wenn man sich dem würdigen Abschluß des Langen Marktes, dem Grünen Tor, näherte, mußte zur rechten Hand die Röpergasse überquert werden, deren Verlängerung, die Ankerschmiedegasse, den Blick auf den ehemaligen Buttermarkt, nun Winterplatz genannt, freigab. Der neue Name sollte die Erinnerung an Leopold von Winter lebendig erhalten, Danzigs Oberbürgermeister von 1863 bis 1890, dem der Ort die entscheidende Entwicklung zur Großstadt verdankte. Erst in den letzten Jahrzehnten des vorigen Jahrhunderts war diese Entwicklung möglich, nachdem die durch die Franzosenzeit bedingte hohe Verschuldung der Stadt bis 1860 hatte getilgt werden können. Tatkraft und Ausdauer Leopold von Winters waren nötig, um in so verhältnismäßig kurzer Zeit so vieles zu erreichen. Der Winterplatz kannte keinen Durchgangsverkehr. Das Städtische Gymnasium, das Postscheckamt und die Oberpostdirektion mit dem Landessender Danzig gaben hier die markantesten Eindrücke. Der auf den Winterplatz mündende Vorstädtische Graben erinnerte daran, daß hier einmal statt des Straßenzuges der Verteidigungsgraben verlief, der die Rechtstadt von der Vorstadt getrennt hatte. Der Weg aber führt die Ankerschmiedegasse zurück; beim Überqueren der Hundegasse wird das Kuhtor sichtbar.

Das Grüne Tor, der Abschluß des Langen Marktes zur Mottlau hin, dehnte sich über die ganze Breite des Platzes und bildete den Gegenpol zum Langgasser Tor, das uns den Kern der Rechtstadt geöffnet hatte. Hier nun wölbten sich vier Torbögen unter einem saalartigen Obergeschoß. Darüber verjüngten sich drei Ziergiebel auf beiden Seiten des Tores und gaben ihm so zum Langen Markt und zur Mottlau hin ein völlig gleiches Gesicht. Die grüne Bemalung seiner Sandsteingliederungen freilich, die dem Tor den Namen gegeben hatten, war längst dahin. Seine Gestalt aber verriet durchaus noch den eigentlichen Zweck, zu dem es 1568 von Hans Kramer errichtet worden war und das alte Koggentor ablöste: Es sollte vor allen Dingen als Festhalle dienen, hat indessen auch bis ins vorige Jahrhundert hinein die Stadtwaage beherbergt. Später erhielt es prähistorische und naturgeschichtliche Sammlungen der Provinz Westpreußen, während in der Freistaatzeit hier Ausstellungen mit wechselnden Themen stattfanden. Beinahe hätte dieses Tor seine ursprüngliche Gestalt verloren, da 1831 die alten Giebel entfernt worden waren, während zugleich eine neue Fassade geschaffen wurde. 1886 erst, im Zuge einer historischen Besinnung, durfte der Stadtbaurat Licht die Urgestalt des Tores wiederherstellen. Überhaupt waren die vorhergegangenen Jahrzehnte der Pflege des gewachsenen Stadtbildes wenig günstig gewesen.

Beischläge an der Nordseite des Langen Marktes ▷

KARLSBERG
SPIRO&CO
ANNO

Nur einen Blick jenseits des Grünen Tores wollen wir uns gestatten. Den atmosphärischen und architektonischen Reiz des von der Mottlau gebildeten Binnenhafens spürte der Fremde, auch wenn er nur einen kurzen Augenblick das Tor durchschritten und die Grüne Brücke betreten hatte, die zu Anfang des Jahrhunderts schmaler war als nach ihrer Modernisierung in den dreißiger Jahren, sich aber wie jene Vorgängerin meist zusammen mit der Kuhbrücke vor durchfahrenden Schiffen mit mittlerem Tiefgang öffnete und den Straßenverkehr über die Speicherinsel zur Niederstadt und weiter in die Danziger Niederung für Minuten anhielt.

Aus verwandelter Perspektive gewährte der Rückweg wechselnde Eindrücke, ließ nun aber auch Zeit, etwa beim Blick durch die Große Krämergasse einen schmalen Ausschnitt der hier fast erdrückenden Größe St. Mariens zu erleben. Bis zur Großen Wollwebergasse war es nicht weit. Obwohl wir zum Kohlenmarkt wollen, vermeiden wir den unmittelbaren Weg durch das Langgasser Tor zurück und zwischen St.-Georgshalle und Stockturm vorbei, weil das trotz allem wesentlichste Gebäude, das Große Zeughaus, seine Hauptfassade zur Wollwebergasse hin erstreckt und später einen Durchgang zum Kohlenmarkt erlaubt.

Langer Markt 41

Drogerie des Apothekers Neumann

Das Steffenssche Haus

Industrie- und Handelskammer

Das Grüne Tor (Mottlauseite) mit der Grünen Brücke
Im Hintergrund Beginn der Langen Brücke

Ostseite des Kohlenmarktes mit der St. Georgshalle und dem Kaufhaus Freymann

Schon an der Ecke zur Langgasse, noch an den Schaufenstern des Kaufhauses Sternfeld stehend, nahm man das große Zeughaus wahr. Auf dem Wege dahin zeigte die Große Wollwebergasse aber insofern ein der Langgasse verwandtes Gesicht, als auch in diesem Teil der Charakter einer Geschäftsstraße überwog, und wie in der Langgasse an anderer Stelle, so konnte man sich nach erfolgreichem Einkauf hier im Café Blum ausruhen und stärken, im großen Saal des Erdgeschosses oder auf der Balustrade. Das Zweckmäßige und das Repräsentative vereinten sich im Gebäude des Zeughauses, das Anthony van Obbergen zwischen 1602 und 1605 auf der Fluchtlinie der ehemaligen Stadtmauer errichtet hatte. Die vierschiffig gewölbte, zweistöckige Halle, deren Hauptfassade von zwei achteckigen Treppentürmen eingefaßt wurde, war ein Ziegelbau, von dessen Grund sich das Schmuckwerk um so deutlicher abhob. Es war nicht möglich, die Hauptfassade mit einem Blick voll zu umfassen, da die Große Wollwebergasse hierfür zu schmal war; und trat man weiter in die den beiden Toren gegenüberliegende Jopengasse zurück, so verbargen deren Eckhäuser fast völlig die beiden Treppentürme. Dafür aber bildete sich, hervorgerufen durch den altertümlichen Charakter jener Gasse, insbesondere durch die Beischläge, ein stimmungsvoller Rahmen, und der Blick auf die Hauptfassade ruhte auf den beiden krönenden Giebeln oder auf dem Brunnenhäuschen aus. Trat der Betrachter näher, um das Ganze allmählich zu erfassen, sah er vor allem über den Portalen die das Stadtwappen tragenden Löwen und zu Füßen der Portale die den ehemaligen Zweck des Gebäudes verratenden Zierkanonen, denen auf den Giebelspitzen die von Kriegergestalten flankierten platzenden Granaten entsprachen, ein seltsames ornamentales Spiel mit Kriegsgerät.

Nach dem Ersten Weltkrieg entstand in der südlichen Hälfte des Erdgeschosses eine öffentliche Passage, während in der nördlichen Hälfte Dekorationen des benachbarten Stadttheaters aufbewahrt, bzw. hergerichtet wurden. Die Passage, die wir nun durchschreiten, verkürzte erheblich den Weg zwischen der Großen Wollwebergasse und dem Kohlenmarkt und wurde daher vor Beginn der Geschäftszeit geöffnet und gab für Blick und Schritt eine anheimelnde Ladenstraße frei.

Westfront des Zeughauses auf dem Kohlenmarkt

Ostfront des Zeughauses in der Großen Wollwebergasse, wenn man aus der Langgasse einbog

Die Dämmerung des breiten Gewölbes erhellten in zylindrischer Laternenform gehaltene elektrische Lampen, die an Ketten herabhingen, und ihr Licht vereinte sich mit dem der beleuchteten Auslagen der hauptsächlich an der südwestlichen Wand gelegenen Geschäfte: Antiquitäten, Bücher, Obst, Porzellane und Tabakwaren. Wer nicht kaufte, konnte sich an dem Spiel wechselnder Auslagen erfreuen, übrigens auch am Sonntag. Zur späten Stunde schloß ein Wärter beide Tore. Die dem Kohlenmarkt zugewandte Fassade des Zeughauses war wohl schmuckloser, doch wurden nur hier die vier Giebel vollständig sichtbar. In der Längsachse bildete das Zeughaus mit dem Stadttheater die Begrenzung des Platzes. Das Stadttheater ist in klassizistischen Formen von 1798 bis 1801 vom Stadtbaumeister Held errichtet worden.

Wappen am Zeughaus

Auf dem Kohlenmarkt waren die baulichen Zeugen alter und neuester Zeit sehr unterschiedlich in ihrem Wert und ihrer Funktion. Das Mittelalter vertraten Stockturm und St.-Georgshalle, das siebzehnte Jahrhundert das Große Zeughaus, die Wende zum neunzehnten Jahrhundert das Stadttheater, das frühe zwanzigste Jahrhundert überwiegend die auf dem ehemaligen Wallgelände westlich den Kohlenmarkt begrenzenden Miethäuser mit ihren Fachgeschäften und einer recht nüchternen Passage zum Dominikswall hin, ebenso die zwischen Zeughaus und Georgshalle liegenden Miet- und Geschäftshäuser, vor allem Danzigs zweites Kaufhaus der Gebrüder Freymann. Mitten über den Kohlenmarkt fuhren in kurzen Abständen spätestens seit 1927 fünf Straßenbahnlinien. Jede Linie hatte ihre besonderen Motorwagen und auch Anhänger; man erkannte in den meisten Fällen an der Wagenform schon in erheblicher Ferne, wohin die Fahrt ging. Die Motorwagen der Linien 1 (Hohes Tor–Langfuhr) und 2 (Oliva über Langfuhr) waren große Vierachser; sie zogen Unterfluranhänger, die bequem zu besteigen waren. Sie besaßen lederne Polstersitze. Die nur zweiachsigen Motorwagen der Linie 3 (Hansaplatz–Rechtstadt–Weidengasse) erkannte man an dem besonders lang wirkenden Fenster der Stirnseite und an den sehr breiten, zweiteiligen Schiebetüren. Eine der jüngsten Linien war die Nummer 4, die seit 1927 vom Hansaplatz zum Strandbad Heubude führte und ein bis zwei Anhänger älterer Bauart mit Schwingtüren zog. Diese Türen waren nur schwer oder auch gar nicht zu schließen, wenn in den warmen Monaten die Zahl der Badegäste zu beängstigender Fülle wuchs. Ältere Vierachser fuhren auf der Linie 5 (Weidengasse–Heeresanger in Langfuhr), die erst 1930 geschaffen wurde.
Nur wenige Minuten entfernt, auf dem Holzmarkt, strebte, von der Breitgasse am Krantor kommend, die Linie 8 mit breiteren und darum behäbigeren zweiachsigen Motorwagen – mit Mitteleinstieg – nach Neufahrwasser. Ebenfalls vom Kohlenmarkt nur wenig entfernt, begannen die Linien 6 (Reitbahn–Ohra) und 7 (Silberhütte–Emaus). Sie erinnerten durch zweierlei Merkmale an ein früheres Entwicklungsstadium der Danziger Straßenbahn. Die älteren vierachsigen Motorwagen besaßen noch den auf allen anderen Linien durch Scherenstromabnehmer ersetzten Rollenstromabnehmer. Ein nicht allzu seltenes Schauspiel war es, wenn in einer Kurve oder an den sich kreuzenden Leitungsdrähten über einer Weiche, namentlich im Winter, dieser Stromabnehmer absprang und der Motorwagen mit der Hand gebremst werden mußte, damit der Schaffner möglichst behende mit Hilfe eines Seils die Rollengabel so zurücklenkte, daß die Rolle wieder an den Fahrdraht gedrückt werden konnte. Die genannten Strecken waren eingleisig, und an Kreuzungspunkten mußte der Gegenzug abgewartet werden.
Auf dem Kohlenmarkt oder in dessen unmittelbarer Nähe trafen sich acht der zehn Danziger Straßenbahnlinien, doch konnten von hier aus auch die Linien 9 (Langfuhr Brunshöfer Weg–Brösen–Neufahrwasser) und 10 (Oliva–Glettkau) durch Umsteigen erreicht werden. Beide eingleisigen Linien erschlossen dem Danziger zwei weitere Ostseebäder. Dies alles schildert die Danziger Straßenbahn im letzten Stadium ihrer Entwicklung, als das Schienennetz eine Länge von insgesamt 57 Kilometern erreicht hatte. Es verband nun neun Vororte mit der Stadt und teilweise auch untereinander, erschloß unmittelbar drei Ostseebäder und mittelbar eines (Weichselmünde, von Neufahrwasser aus zu erreichen), und diese Entwicklung hatte sich in rund sechzig Jahren vollzogen, seit 1873 die erste Pferdebahn vom Heumarkt über die Nordpromenade zum Langfuhrer Markt gefahren war. Eine der älteren Linien, die seit 1885 von der Lenzgasse über den Thornschen Weg, Poggenpfuhl, Hundegasse, Große Wollwebergasse zum Fischmarkt führte, war 1922 wegen mangelnder Rentabilität eingestellt worden. Bald verlor der Heumarkt seine Funktion an den Kohlenmarkt, insbesondere, nachdem 1896 die Strecken vollständig elektrifiziert worden waren.
Neben den Taxiständen begann hier, vor dem Stadttheater, die Omnibuslinie nach Zoppot, die bis zur Kurve in Langfuhr vor allem mit den Linien 1 und 2 parallel verlief. Sie folgte der alten Ausfallstraße und verband die Nachbarstadt Danzigs damit zusätzlich über die weitaus länger bestehende Eisenbahnstrecke hinaus. Den eigentlichen Omnibusbahnhof bildete indessen nun der Heumarkt vor dem Hohen Tor, wo Omnibusverbindungen zur Danziger Höhe und zur Niederung begannen. Zur Höhe ging es über Stadtgebiet, etwa nach Kahlbude, Mariensee oder nach Meisterswalde; zur Niederung über die Langgasse oder Hundegasse, über Langgarten, vorbei am Langgarter Tor nach Nickelswalde, Steegen und Stutthof oder nach Tiegenhof und Neuteich. So erschlossen sich dem Danziger schon durch Straßenbahn und Omnibus nähere und fernere Umgebung oder brachten ihn zu Ausgangspunkten, von denen ab sich weite und reizvolle Wanderungen verlohnten. Eisenbahn und Schiffahrt erhöhten die Reichweite.

Kriegergestalt am Zeughaus

Brunnen vor der Ostfront des Zeughauses

Durch das Langgarter Tor führt der Weg aus der Niederstadt ins Danziger Werder

Das Stadttheater hatten wir bisher nur als architektonisches Element des Kohlenmarktes betrachtet. Als künstlerische Institution war es dem Danziger viel eher unter dem liebevoll-respektlosen Begriff »Kaffeemühle« bekannt. Daran änderte sich auch nichts, als unter den nach dem Ersten Weltkrieg erzwungenen politischen Umständen aus dem Stadttheater ein Staatstheater geworden war. Mitte der dreißiger Jahre war dann ein großzügiger Umbau erfolgt, der dem Gebäude zweifellos ein repräsentativeres Äußeres gegeben hatte, ohne dabei den klassizistischen Charakter seiner Hauptfront zu verändern. Schauspiel und Oper waren hier untergebracht, die Freunde beider Künste wurden mit klassischen und zeitgenössischen Werken eindringlich bekanntgemacht. Insbesondere wurde in Abständen immer wieder das dramatische Werk Max Halbes gepflegt, der als Westpreuße in einigen seiner Dramen auch das Atmosphärische seiner Heimat gestaltet hat, am stärksten wohl in dem Schauspiel »Der Strom«. Ihm zu Ehren wurde in den zwanziger Jahren ein Platz im neuentstandenen Nordviertel Langfuhrs benannt, und schließlich ist er Ehrenbürger der Stadt geworden, in die er immer wieder aus seiner Wahlheimat München, später aus Neuötting in Oberbayern, einkehrte. Aus dem Ensemble der letzten Jahrzehnte seien Jenny von Weber, Dora Ottenburg, Karl Kliewer und Gustav Nord genannt, der zum Danziger Original geworden war. Manche jungen Talente nahmen von hier aus den Anlauf zu einer größeren Laufbahn, so Hans Söhnker. Ergänzt wurden die heimischen Aufführungen durch Gastspiele bekannter Kräfte; es kamen Paula Wessely, Eugen Klöpfer ins Schauspiel; es gastierte der Tenor Helge Rosvaenge.

Ein kurzer Durchgang trennte den Kohlenmarkt vom Holzmarkt. Dieser Platz, der frühere Erdbeermarkt, hatte vor der Niederlegung der Wälle ein recht abgeschiedenes Dasein geführt, war seitdem aber durch die Erweiterung der Stadt zu einem Verkehrsmittelpunkt geworden. Sieben Straßen mündeten hier, und von all ihren Endpunkten aus sah man den Obelisk des Kriegerdenkmals als Wahrzeichen dieses Platzes, beliebt auch bei den Tauben, die sich an ihn gewöhnt hatten, als noch Bänke das Denkmal umstanden und rastende Bürger gerne Futter streuten. Leider wurden später die Bänke entfernt, und manchen Danziger mag nur getröstet haben, daß der Holzmarkt zum letzten Standort des alljährlichen Weihnachtsmarktes geworden war. Unverändert aber blieb hier die Freundschaft der Tauben, die sich weder durch Automobile noch durch das Geräusch von sechs Straßenbahnlinien stören ließen.

Das Stadttheater auf dem Kohlenmarkt, rechts ein Teil des Zeughauses, links Durchblick zum Holzmarkt

St. Marien und der Rathausturm überragen den Kern der Rechtstadt. Vorne rechts die Frauengasse, oben links die Jugendherberge auf dem Bischofsberg ▷

Der Holzmarkt mit dem Kriegerdenkmal ▷

St. Marien, von Nordwesten gesehen, und der Turm des rechtstädtischen Rathauses mit dem Renaissance-Helm

Der Blick schweift zurück zu jenem Bauwerk, das bei der Ansicht der Stadt vom Bischofsberg aus am nachhaltigsten den Betrachter berührte. Der Weg zu Sankt Marien führte vom Holzmarkt geradewegs durch die Heilige-Geist-Gasse. Ein zum Teil bedauerlicher Umstand wurde deutlicher, je näher das gewaltige Gotteshaus kam, und er wäre es ebenso gewesen, hätte sich der Betrachter der Kirche von der Jopengasse, von der Brotbänkengasse oder von der Frauengasse her genähert: Niemals sah er diese Kirche von einer ihrer Seiten her in voller Höhe. Immer umdrängten sie, dem mittelalterlichen Grundriß getreu, Häuserfluchten. Sie gestatteten nur, nach allzu nahem Herantreten den Blick in bedrängende Höhen zu erheben. Wer diese unabänderlichen Bedingungen annahm und die Flucht der kleinen Giebel buchstäblich überschaute, erfaßte mehr als genug.

Der breite und stumpfe, 76 Meter hohe Glockenturm, das eindringlichste Wahrzeichen Danzigs, entwuchs dem 105 Meter langen und 35 Meter breiten (66 Meter im Querschiff) Kirchenschiff, dessen Zinnenkranz Dachgiebel, Dachreiter und Seitentürme überragten und dessen schmale, aufstrebende Fenster diesen Zug zur Höhe zwingend betonten. Das äußere Gepräge dieses steinernen Leibes trug wie die meisten der alten Danziger Kirchen alle Merkmale der Backsteingotik und zeigte Züge jener Ordensbaukultur, wie sie Burgen und sehr vielen Kirchen des Ostens eigen waren. In der Wucht ihrer Erscheinung konnte diese Kirche nur mit ihrer weltlich-geistlichen Schwester, der Marienburg, verglichen werden, deren Umrisse bei klarem Wetter von der Plattform des Glockenturms aus deutlich zu erkennen waren – wie ja auch die Marienkirche selbst, wenn man sich der Stadt von der Niederung oder von der See her näherte, weithin zu sehen war. Die auf die Dämme gerichtete Nordwand des Querschiffes trug eine große vergoldete Uhr – zeigerlos, als sei die Zeit stehengeblieben, seit nach einer bis ins Jahr 1240 zurückreichenden Entwicklung am 28. Juli 1502 der letzte Stein ins Gewölbe gefügt worden war. Bis in unsere Tage überdauerte die endgültige Gestalt. Vollkommen erst wurde der Beginn der Weihnacht oder eines neuen Jahres, wenn die Glocken von Sankt Marien in den Chor der übrigen Glocken einfielen.

Zwischen hohen Pfeilern spannte sich ein mit Sternen besätes Netzgewölbe, es überwölbte auch Seitenkapellen und Kunstschätze vieler Arten und vieler Zeiten, sei es die 1470 von Hans Döring fertiggestellte astronomische Uhr im nördlichen Querhaus, sei es die Skulptur der Schönen Maria in der Reinholdskapelle oder die Kreuzigungsgruppe in der Elftausend-Jungfrauen-Kapelle, deren Heilandsgestalt verwirrend naturalistisch anmutete, sei es das gegossene Gitter von reichem, barockem Weingerank, das einst die Begräbnisstätte der Familie von Güldenstern abschloß. Als wertvollstes Kunstwerk der Marienkirche, ja der Stadt, galt indessen Hans Memlings Gemälde Jüngstes Gericht in der Dorotheenkapelle, das am 6. Juni 1473 dem Danziger Schiffshauptmann Paul Beneke zur Kriegsbeute wurde und das der Rat der Stadt auch dann nicht herausgab, als Papst Sixtus IV. Paul Beneke mit Kirchenstrafen bedrohte. Die Eroberer von 1807, die Franzosen, nahmen das Bild mit nach Paris in den Louvre, von wo es erst 1815 auf dem Umweg über eine Ausstellung in Berlin zurückkehrte.

St. Marien, die Schöne Maria

Orgel von St. Marien

St. Marien, Mittelschiff, Blick nach Westen

Das Rathaus, der Arthushof und das Krantor gehören zu den Wahrzeichen der Altstadt. Sie bildeten mehrfach Schauplätze der Danziger Sagen, wie auch Poguttke seine Leser oft dorthin führte

Abseits vom Durchgangsverkehr der Langgasse konnte man gerade in den Straßen um die Marienkirche vielfach die stille Atmosphäre, die Beschaulichkeit Alt-Danziger Tage finden, besonders in der Frauengasse, wenn man, von der Marienkirche kommend, zum Frauentor hinunterschritt, an den von den Veränderungen anderer Viertel unberührten Beischlägen vorbei, auf das Tor zu, das nach seiner Restaurierung in den Jahren vor Kriegsausbruch einen würdigeren Abschluß bot. Unmittelbar zur Rechten fand sich ein als Stapelhaus fremder Kaufleute errichtetes Renaissancegebäude, das seit 1840 der 1742 vom nachmaligen Bürgermeister Daniel Gralath gegründeten »Naturforschenden Gesellschaft« zum Vereinshaus diente. Dieses Gebäude bestimmte vor allem das Panorama der Langen Brücke, und sicher hatte die Heimatliebe des Danzigers ihren Anteil daran, daß er den seit Anfang des Jahrhunderts von der Kuppel einer Sternwarte abgeschlossenen Renaissanceturm statt des auf älteren Abbildungen sichtbaren schlanken Helmes nicht als Stilbruch empfand.

Beischläge und Wasserspeier im Ostteil der Frauengasse

Westlicher Teil der Frauengasse mit Blick auf den Ostgiebel von St. Marien

Ostteil der Frauengasse mit Blick auf das Frauentor, das auf die Lange Brücke führt

Maurerpolier a. D. Franz Poguttke, eine von Fritz Jaenicke in Wort und Bild geschaffene Gestalt, deren Erzählungen das alte Danzig immer wieder erwecken

Poguttkes kleiner Danziger Sprachführer

Danzich ruft! so jeht de Mahnung
raus ins Land vom Bernsteinstrand,
dänn meist hat ma keine Ahnung
nich vom scheenen Danzjer Land!

Daß weithin ma's kricht zu wissen
durch de ›Neisten‹, scheint mich gut,
eins bloß tu ich hier vämissen:
wie der Danzjer reden tut.

Nich bloß mit Natur und Bauten
Lockt de Stadt am Weichselstrand,
Nei, mit trauten Heimatlauten,
auch wo auswärts unbekannt.

Weil nu dies doch inträßieren
kennt dem ein' und andern schon,
mecht bescheiden ich riskieren
hier ne Danzjer Sprachläxion.

Hält sich wer fier sprachenkundich
wunder wie in Deitsch wärsiert,
wird sein Wortschatz hier erst fundich
der Volländung zujefiert.

Reich und plastisch, kurz und drastisch,
urjemietlich und jesund
tut sich träffend (nie bombastisch)
Danzjer Art im Volksmund kund.

Kommt en dwatscher Zrohr mal her hier,
puhst sich auf und macht vleicht Schmus,
schon ›Moin Gommas, kick, ei er dir!‹
heert er fohrts als Danzjer Gruß.

Ma scheniert und ziert nich groß sich,
nich am Schild, nich inne Ohr,
Is wo'n Bowke eierbooßich,
bringt er mochumsch so dies vor:

›Leidack! Luntrus! Labs! Lachodder!
Tullas und Labommelkreet!
Woart, äck schmiet di glicks em Modder!
Schabber nich und holle Freet!‹

›Unnoseljes Schorf, väfeier
dir! Väzink dir, Abselwat!
Mach, daß wech kemmst, sonst bescheier
ich dir vleicht de Karbenad!‹

Also teent es laut furioso,
Wänn ein Sohn Jedanias zirnt,
wo sich mit en Bochert, wo so
wejen ne Marjäll väzwirnt.

Aber sinnich auch und innich
teent des Einjebornen Laut,
wänn en Mottlauspucker minnich
traut der Braut im Auge schaut.

Und mit sießer schmeichelnd leiser
Inbrunst bringt er zart es raus:
›Trautstes Zruchelchen! Mien Schleiser!
komm, jibb en Machandel aus!‹

Wo der Mottlau Wällen rauschen
weichselwärts am Heekertor,
kann ma Fillosofen lauschen
voll beschaulichem Humor.

Wo (den Priem im Munde) ruckweis
Tiefsinn eisern unjehemmt:
›Korlke, spie mol mang de Uckleis,
äck well kecke, ob et schwemmt!‹

Tut der Fremdling weiterjehen,
wo's nach Eppel riecht und Fisch,
Lärnt er glatt im Handumdrehen
tausend Worte Danzjerisch!

Wo ma mang de Mottlauwogen
de Pomuchelnätze hängt,
wird vom fleißjen Filologen
reichstes Wissensgut jeschänkt.

Danzjer Fischfrau'n! En Kapitel
fier de Forschung riesengroß!
Was ich hier davon vämittel,
is en kleines Nippchen bloß:

›Scheene Flinderchens, Madamchen! –
Olle Goy, puhst di nich op! –
Ed-ard, komm doch mal mit's Tammchen,
Jibb dem Labs hier oppen Kopp!‹

Reicheraalkes wollt' er ruscheln!
Holt da wer dem Schien nich her?
Nich, daß nachher di benuscheln
jehn tust anne Krantorfähr!

Sonst mach sauber ich de Fleck dir!
Duhnaskreet, nimm dir zusamm'!
Nimm de Kiep, ställ inne Äck ihr! –
Scheene Flinderchens, Madam!' –

Staunend heert man den enormen
Danzjer Sprachschatz ringsumher,
hat doch solche Ausdrucksformen
weder Sanskrit noch Homer!

Tja, der ollen Häldengriechen
Rednerruhm is glatt väwälkt,
denn se mißden sich väkriechen,
wenn ne Danzjer Fischfrau belkt!

Also, wänn ihr klug und weise,
glaubt mir: keinem nich tut's leid:
Jeht's von wejen Sommerreise,
Danzich ruft! Ihr wißt Bescheid!

Das Schlüterhaus in der Jopengasse

Diele eines Danziger Hauses um 1630

Die Sternwarte in der Frauengasse, von der Seifengasse aus gesehen

Der Weg zurück, an der Marienkirche vorbei, mochte über die Dämme verlaufen, einen Straßenzug, den sogenannten ersten bis vierten Damm. Zur Ordenszeit war es wirklich ein Damm, der die versumpften Mottlauwiesen überquerte, vom Haupttor der Ordensburg in der Altstadt über noch unbebautes Gelände den Komtur und seine Ritter sicher und trocken zum Gottesdienst in die Kirche führte. Der erste Damm mündete in die Breitgasse, und hier streifte der Blick nur die Rückseite des den Straßenzug abschließenden Krantors. Das breite Gebäude mit der Balkenschrift »Danziger neueste Nachrichten« über sechs hohen Schaufenstern weckt lebhafte Erinnerungen an diese Viertel Alt-Danzigs und an die ersten Jahrzehnte Danziger Alltags in diesem Jahrhundert, an Franz Poguttke, der allwöchentlich von 1908 bis 1944 beides in seinen Wochenendplaudereien einfing. Eigentlich war es der Journalist Fritz Jaenicke, der nach einem ihm bekannten Original die Gestalt des Maurerpoliers a.D. geschaffen hatte; aber an jedem Wochenende hieß es nur: Was erzählt Poguttke?, so sehr trat der Schöpfer hinter der lebenskräftigen Gestalt zurück, die behäbig, witzig oder angriffslustig plauderte, kritisierte, verspottete, in Prosa und Vers und immer in jenem Missingsch, einem Gemisch aus Hochdeutsch und idiomatischen Lauten, zu deren Wortschatz außer dem Plattdeutschen zum Beispiel das Polnische, Litauische und Jiddische beigetragen hatten. Der »Kleine Danziger Sprachführer« gibt eine Kostprobe davon.

Auch in den »Lachs« führten uns einige Erzählungen Poguttkes, in die seit 1704 bestehende, ununterbrochen in Familienbesitz befindliche Gaststätte auf der anderen Seite der Breitgasse. Da das Haus, ursprünglich ohne Nummer, mit einem Lachs als Hausmarke versehen war, wurde sein Name bald als identisch mit jener Gaststätte verbunden. Ihr angeschlossen war die älteste, seit 1598 in Danzig bestehende Likörfabrik, die der aus dem Holland der Glaubenskriege geflohene Ambrosien Vermöllen gegründet hat. Hier wurde nach einem aus dem Jahre 1606 stammenden Rezept über die Jahrhunderte hinweg das »Danziger Goldwasser« hergestellt, das neben dem »Kurfürstlichen Magenbitter« wohl zu den berühmtesten Likören des »Lachs« gehörte, in dessen alten und schön eingerichteten Räumen einst dreißig Likörsorten ausgeschenkt wurden.

Der Lachs, Eingang zu den Probierstuben der ältesten Danziger Likörfabrik in der Breitgasse

Portal des Stadthauses der Äbte

Der »Machandel«, ein von der Firma Heinrich Stobbe in Tiegenhof seit 1776 hergestellter Wacholderschnaps, war ebenso berühmt und in allen Gaststätten zu haben. An der originellen Fäßchenform der Flasche war ihr begehrter Inhalt unschwer zu erkennen, richtig genossen wurde der Machandel nur, wenn man ihn aus ebenso geformten Gläsern trank. In einer so viele Jahrhunderte alten Hafenstadt war es ohnehin nicht verwunderlich, wenn der Besucher mehr als woanders seinen Durst stillen konnte. In unseren Jahrzehnten zählte man rund 870 Gaststätten, für jedermann eine. Es mußte ja nicht der »Lachs« sein, auch nicht der »Danziger Hof«, das erste Hotel der Stadt, in dessen Lokal vor dem Ersten Weltkrieg vor allem Offiziere und höhere Beamte verkehrten. Wer die mehr gutbürgerliche Atmosphäre liebte, besuchte mit seinen Gästen das »Bratwurstglöckl« auf dem Langen Markt, dessen Küche einen hervorragenden Ruf genoß, oder er ging in das »Hakkerbräu« in der Jopengasse, bekannt nicht nur durch gutes Bier, sondern auch durch gewichtige Eisbeinportionen. Wer es eilig hatte oder damals Selbstbedienung besonders reizvoll fand, der konnte sich am ehesten im Automatenrestaurant des »Löwenschloß« in der Langgasse erfreuen. Auf dem Verkehrsmittelpunkt des Holzmarktes stehend, konnte der Besucher in jeder Hinsicht wählerisch sein. Bei Bieberstein fand er ein bequemes Speiselokal; besuchte er es in warmen Monaten, konnte er auch davor auf dem breiten Bürgersteig Platz nehmen. Ganz in der Nähe war die Weinstube Daniel Feyerabends. Sie lud in ihrer stillen Atmosphäre zu beschaulichem Genuß ein. Hier wurde auch an Laufkundschaft verkauft, und mehr als einmal führte der Weg manchen Danziger zur Weihnachtszeit vom Weihnachtsmarkt rund um den Holzmarkt zu Feyerabend, wo man bei der Auswahl der Spirituosen für die Feiertage sorglich beraten wurde. Bei Springer, der noch eine Reihe von Filialen besaß, regierten vor allem Bier und Schnäpse. Gäste aus vielerlei Bevölkerungsschichten fanden sich hier zu kürzerem oder längerem Aufenthalt ein. Von einem, der einstmals wohl doppelt sah, ist behauptet worden, Gustav Springers Lokale gebe es an allen Danziger Ecken. Nur einmal, und zwar in der Paradiesgasse, gab es das Weinlokal Kuptz. War es der Name der Gasse oder die Qualität der Weine; jedenfalls fanden sich hier vorwiegend, meist in einem besonderen Stübchen, Mitglieder der katholischen Geistlichkeit ein.

Stadthaus der Äbte von Pelplin in der Elisabethkirchgasse nach seiner Renovierung in den dreißiger Jahren

Altstädtisches Rathaus in der Pfefferstadt ▷

Innungszeichen am Müllergewerkshaus

Damit befinden wir uns im Gebiet der ursprünglichen Altstadt, und wer die Paradiesgasse stadteinwärts zu Ende ging, sah schon eine Weile vorher den Turm von Sankt Katharinen, ehe ihm jenseits der Böttchergasse die älteste Pfarrkirche Danzigs ganz begegnete. Erst 1634 hatte sie die uns vertraute Gestalt bekommen, als ihrem bis dahin gleich Sankt Marien stumpfen Turm die 35 Meter hohe, geschwungene Barockhaube aufgesetzt worden war, zugleich mit dem verbesserten Schlagwerk, dessen Glockenspiel allstündlich mit dem des rechtstädtischen Rathauses wetteiferte. Eine lange Entwicklung war damit abgeschlossen worden, wenn wir von der frühesten urkundlichen Aufzeichnung des Jahres 1263 ausgehen. Es war die Zeit, da die Pfarrer dieser Kirche »Pfarrer von Danzig« genannt wurden und bei den Herzögen von Pommerellen das Amt des Kanzlers versahen. Gerade dies zu den ältesten steinernen Denkmälern Danzigs gehörende Gotteshaus wurde im ersten Jahrzehnt dieses Jahrhunderts, am 3. Juli 1905, vom Blitz getroffen, wobei Turmhaube und Glockenspiel völlig zerstört wurden. Erst fünf Jahre später war der Wiederaufbau beendet. Für die Jüngeren war dieses Ereignis nur Erinnerung, aber mit den Älteren zusammen erlebten viele von ihnen alljährlich den Beginn der Adventszeit, wenn in den Winterabend von der Balustrade des Turmes herab Choräle geblasen wurden. Oft standen dann die Zuhörer im Schatten der Großen Mühle, dem jahrhundertealten Nachbarn der Katharinenkirche. Hatten drüben die Kanzler der Herzöge von Pommerellen einst Gottesdienste gehalten, so hatten hier die Müller des Deutschen Ritterordens gearbeitet.

Zweiundvierzig Jahre nach dem Beginn der Ordensherrschaft 1350 vollendet, war diese Mühle seither ununterbrochen in Betrieb gewesen bis zur Katastrophe des Kriegsendes 1945. Über mächtigen, gedrungenen Mauern lastete ein drei Stockwerke bedeckendes Satteldach. Diesem Gebäude sah man wahrhaft seine Solidität an, von welcher Seite man es auch betrachten mochte. Bis in die neueste Zeit wurden die Mühlsteine vom Wasser des Radaunekanals angetrieben, den die Ritter von Praust her in die Altstadt geleitet hatten.

Der Radaunekanal begleitete von seinem Beginn an die Landstraße von Dirschau nach Danzig, zur rechten Seite der Straße floß noch die alte Radaune, bis sie sich in die Danziger Niederung verlor, um in die Mottlau zu münden. Der Kanal führte über Ohra und Stadtgebiet, Altschottland, an Petershagen vorbei und bog am jetzigen Elisabethwall in die Altstadt ein. Von jener Straße an bis zur Großen Mühle hin gehörte der Kanal den Schwänen. Wer sie von der Brücke am Elisabethwall beobachtete, hatte links von sich das Gebäude der Feuersozietät, deren Hof an den Ende der zwanziger Jahre erbauten Ufapalast in der St.-Elisabeth-Kirchengasse stieß. Ihm gegenüber, an das Kanalufer grenzend, befand sich das in den dreißiger Jahren würdevoll restaurierte Stadthaus der Äbte von Pelplin. Wer aber die Schwäne erst von der Brücke neben diesem Hause erblickte, erkannte schon die Rückfront des 1586 bis 1595 von Anthony van Obbergen noch vor dem Großen Zeughaus erbauten Altstädtischen Rathauses mit dem luftigen Turmhelm und der nach der Pfefferstadt zu gelegenen geschmückten Ziegelfront. Es beherbergte nun das »königliche«, nach dem Ersten Weltkrieg das Standesamt der »Freien Stadt Danzig«. Von der Pfefferstadt aus sahen wir auf die Halbinsel, die der sich teilende auf die Wehre der Großen Mühle zueilende Radaunekanal bildete. Hier waren die Schwäne zu Hause und in guter Nachbarschaft mit dem Innungshaus des Müllergewerkes, über dessen Hauptmansarde das Innungszeichen herabhing, hinter dessen Dach sich aber der höhere Giebel der Großen Mühle deutlich erhob.

Die Große Mühle, aus der Zeit des Deutschen Ritterordens ▷

Die kleine Halbinsel in der Radaune vor dem Müllergewerkshaus und der Großen Mühle, dahinter der Turm von St. Katharinen

Das Müllergewerkshaus, daneben die Westseite von St. Katharinen

War das Altstädtische Rathaus nur einer ihrer jüngeren Verwandten, so stand in ihrer und der Katharinenkirche Nähe ein viel älterer, jetzt freilich einsam zwischen jüngeren Häusern: der sogenannte »Kiek in de Kök«, ein Wachtturm im Zuge der schon lange verschwundenen Stadtmauer, die einst am Altstädtischen Graben eben die Altstadt von der Rechtstadt getrennt hatte. Der Name des Turmes deutet an, daß der Turmwächter der Rechtstadt von seiner Warte aus in die Küche des Ordensschlosses an der Mottlau sehen könne, und in dieser Bezeichnung schwingt jenes Mißtrauen mit, das sich dem Orden gegenüber in dessen Spätzeit entwickelt hatte. Einige andere Türme, beziehungsweise Straßennamen kennzeichnen den Verlauf der alten Stadtmauer. Vom Schwanenturm am Fischmarkt zog sie sich an der Burgstraße, dann an deren Fortsetzung, dem Altstädtischen Graben, entlang, verband sich auf dem Marktplatz mit einem 1902 dort abgerissenen Turm, verband diesen mit dem »Kiek in de Kök« und schwenkte bald danach südlich ab in Höhe der Laternen-, Kleinen Wollweber- und Kleinen Gerbergasse, wobei sie von dem Strohturm (hart südlich hinter dem Zeughaus in dessen Schatten stehend) unterbrochen wurde, auf den Vorstädtischen Graben stieß, um dann ostwärts der Mottlau zuzustreben. Ein Stück dieser Stadtmauer war sichtbar geblieben, weil man es in der Straße »Am Brausenden Wasser« in den späteren Bau eines Hauses einbezogen hatte.

Inneres von St. Katharinen

St. Katharinen, die älteste Kirche Danzigs, von der Halben Gasse aus gesehen; links ein Teil der Großen Mühle

Hier stand der Besucher auf ältestem Grund, hatte sich doch in frühester Zeit die Burg der Herzöge von Pommerellen, später dann die Burg des Deutschen Ordens an dieser Stelle erhoben. Die Rittergasse, die Burg- und die Burggrafenstraße erinnerten daran. Wenn die Komture des frühen vierzehnten und fünfzehnten Jahrhunderts auf ihrem Weg zur Marienkirche den allmählich besiedelten neuen Teil der Rechtstadt durchquerten, nahmen sie zwei seiner markantesten Punkte wahr, sobald sie die Johannisgasse überschritten: südlich der Dämme die seit der Mitte des vierzehnten Jahrhunderts langsam entstandene Johanniskirche und am nördlichen Ende jener Gasse die seit 1348 im Umbau begriffene Kirche des Dominikanerklosters. Dessen Gebäude hatten sich bis ins 19. Jahrhundert erhalten, waren während der Belagerung 1814 schwer beschädigt worden und wurden 1840 abgerissen. Die unversehrte Kirche blieb als katholische Pfarrkirche St. Nicolai erhalten. Nur der Name Dominikanerplatz erinnerte an eine bewegtere Vergangenheit. Seit 1896 stand mitten auf diesem Platz die Danziger Markthalle, und zweimal wöchentlich wurde hier der Hauptmarkt abgehalten und bot zu Füßen der Kirche und des »Kiek in de Kök« ein farbiges Bild. Marktfrauen aus der Danziger Niederung, von der Höhe und auch aus der Kaschubei hielten hier vielfältige, preiswerte Ware feil, während in der Markthalle die Stände an allen Wochentagen geöffnet waren.

»Kiek in de Kök«, ein ehemaliger Befestigungsturm in der Junkergasse, ihm gegenüber der Westgiebel der Markthalle, im Hintergrund St. Katharinen

Glockenturm von St. Nicolai

Stiller Winkel bei St. Brigitten nahe der Katharinenkirche

Über den Altstädtischen Graben zum Holzmarkt, von dort aus über den Kohlenmarkt zum Hohen Tor, führt uns der Weg zurück zum Ausgangspunkt des Stadtbesuchs. Zu Beginn des Jahrhunderts waren es erst knappe fünf Jahre her, daß am Nord- und Westrand der Stadt die Wälle der Bastionen niedergelegt und der teilweise hier versumpfte Festungsgraben zugeschüttet worden waren. Wo die Zugbrücke geschwebt hatte, stand seit 1902 das Reiterdenkmal Kaiser Wilhelms I., das ein beliebter Treffpunkt für Verabredungen aller Art wurde. Sehen wir uns nun in der Vorstadt um, von der wir schon den Winterplatz kennengelernt haben. Auf dem ehemaligen Festungsgelände lassen wir die Grünanlagen am Heumarkt zur Rechten liegen, gehen den Karrenwall entlang, an der ehemaligen Reichsbank vorbei, jetzt Bank von Danzig genannt, die mit dem ihr folgenden Polizeipräsidium 1905 errichtet wurde, und erreichen, bevor der Wiebenwall beginnt, das Gebäude der Landesversicherungsanstalt. Sie alle waren, wie viele andere öffentliche Gebäude, die nach der Jahrhundertwende auf den ehemaligen Wallanlagen entstanden, der Bauweise älterer Architektur angeglichen, damit ein Stilbruch vermieden werde, und wie man im einzelnen darüber denken mochte, ein krasser Übergang war tatsächlich verhindert worden.

In ein Wohnhaus einbezogener Teil der Stadtmauer in der Straße Am Brausenden Wasser

Eines der sogenannten Kanzelhäuser in der Tobiasgasse

Am Trumpfturm

Vor der Niederlegung der Wälle

Grünanlagen vor dem Hohen Tor nach der Niederlegung der Nord- und Westwälle zu Anfang des Jahrhunderts

St. Trinitatis, davor die Annenkapelle, links im Hintergrund St. Petri und Pauli

Remter des ehemaligen Franziskanerklosters

Doch schon am Anfang des Wiebenwalls wurde der Blick zur Linken abgelenkt, stand doch hier eines der wichtigsten Denkmäler der Vorstadt, der Komplex des restaurierten Franziskanerklosters mit der Trinitatiskirche und der ihr vorgelagerten St. Annenkapelle. 1422 war dieser Klosterbau begonnen worden, und insbesondere die Trinitatiskirche mit ihrem nach dem Wiebenwall gerichteten Schmuckgiebel war zu ihrer Zeit unentgeltlich von den Handwerkern der Stadt errichtet und ausgestaltet worden. Seit 1872 war das Realgymnasium St. Johann in einem Teil der Klosterräume untergebracht; im anderen hatte das Stadtmuseum seinen Platz erhalten. Schule und Museum waren von der Fleischergasse aus zu erreichen, an deren Ende sich der Weiße Turm erhob, der als Teil einer älteren Stadtbefestigung einst in das moderne Bastionsystem miteinbezogen war.
Nicht weit davon, nur durch die Katergasse und den danach querverlaufenden Poggenpfuhl getrennt, erreichte man den Gegenpol der Vorstadt, die Petrikirche. Vom Hochmeister Konrad von Jungingen 1393 für den neuangelegten Stadtteil gestiftet, wurde sie nach einem Brande 1425 wiederhergestellt und wuchs dabei zu der uns vertrauten Form. In Einzelheiten fast noch stärker als die Marienkirche, erinnerte das gedrungene Gebäude, insbesondere aber dessen quadratischer, sich in Treppengiebeln verjüngender Turm an weltliche Ordensbauten.

Die Synagoge an der Reitbahn

St. Petri und Pauli

Danzig-Gdingen

Über der Mottlau hat sich die Kuhbrücke geöffnet

◁ *Blick von der Sternwarte über die Mottlau. In der Mitte der Bleihof, dahinter das Elektrizitätswerk, am linken Ufer das Krantor*

◁ *Blick mottlauabwärts von der Grünen Brücke aus. Rechts die Speicherinsel, dahinter der Bleihof, links die Lange Brücke mit Sternwarte und Krantor*

Sackträger auf der Speicherinsel

Der Weg zurück durch die vorwiegend schlichte Vorstadt mündet hinter der Annenkapelle auf den Wiebenwall, der uns weiterführte zur Straße »Am Weißen Turm«, welche die Vorstadt, am polnischen Gymnasium vorbei, mit dem Bahnhof St. Petershagen verband und über eine Brücke jenseits des Radaunekanals mit der kleinen Kirche St. Salvator. Am Weißen Turm konnte man einen sehr stillen Winkel betrachten, den Wallplatz mit dem alten Zeughaus, die Straße »Am Trumpfturm«, wobei dieser Turm sich ein wenig versteckt zeigt. Unmittelbar hinter dem Mottlaubassin begann, sich im rechten Winkel anschließend, die Straße »Am Leegen Tor«. Das Tor selber bildete ursprünglich einen der beiden Stadtausgänge in die Niederung. In seiner Nähe gelangte man bald auf einen der poetischen Spaziergänge zu den hier erhaltenen alten Bastionen.

H. Ruschkewitz

Partie an der Langen Brücke mit Krantor, dem Turm von St. Marien und dem Rathausturm

◁ *Die Sternwarte an der Langen Brücke, daneben das Frauentor*

◁ *Zwischen Speicherinsel und Bleihof Blick über die winterliche Mottlau auf St. Johann*

An der Überfähr um die Jahrhundertwende

Im Jahre 1626, als das Leege Tor errichtet worden war, wurden auch die südlichen Stadtbefestigungen weiter vorgeschoben und verstärkt und zu Bastionen ausgebaut, denn die Kriegsgefahr war groß. Im Verlauf der schwedisch-polnischen Thronstreitigkeiten war Gustav Adolf in Ostpreußen gelandet, während eine schwedische Flotte die Danziger Bucht erreicht hatte. Die Parteinahme des Danziger Rates für König Sigismund III. beschwor die Belagerung der Stadt durch die Schweden herauf, deren Heer vom Werder her erwartet wurde und vor allen Dingen jene militärischen Vorbereitungen verursacht hatte. Das alles war nun lange dahin; bei der Niederlegung der Wälle verblieb der größte Teil der südlichen Befestigungsanlagen unangetastet.

Hinter dem Leegen Tor befanden wir uns schon westlich der Bastion Gertrud. Wir hätten von hier aus mühelos einen Gang dem alten Wallverlauf entlang beginnen können, ihn zunächst in seiner originalen Gestalt erlebt, das rote Ziegelwerk der Bastionen Maidloch, Wolf, Aussprung, Bär, Kaninchen, ihre grünenden Wallkronen, nun durch Spazierwege miteinander verbunden, und das dunkle bis grünliche Wasser des breiten, in der Zickzackform der Bastionen geführten Grabens. Die ehemalige Lage des Befestigungsgürtels hätte sich einem Fremden weiterhin durch die wechselnden Namen der Straßenzüge verraten: Bastion Roggen und Bastion Ochs führten zum Langgarter Tor, hinter dem der bis zur Mottlau sich erstreckende Langgarter Wall begann. Die Fähre hätte den Neugierigen dann zum Schuitensteg gebracht, wo die Wallgasse anfing und mit sichtbarer Krümmung bis zum Schüsseldamm führte. Hinter dem Jakobstor ging es über den Hansaplatz zum Stadtgraben, dessen Namenswechsel in Elisabethwall, Dominikswall, Karren- und Wiebenwall die Annäherung an die Bastion Gertrud und den damit geschlossenen Kreis des alten Befestigungsgürtels verriet.

Das mächtige Krantor, der Mittelpunkt der Langen Brücke

◁ *Die Treträder im Gewölbe des Krantors*

◁ *Das Leege Tor bildete den Zugang von der Niederung*

Rückseite des Krantors in der Breitgasse

An dieser Stelle der Langen Brücke begannen die beliebten Dampferausflüge

Besonders alltags war es sehr still auf den Bastionen. Eine Anhöhe der Bastion Maidloch gewährte viele Perspektiven: Über jenseits des Grabens gelegene Laubenkolonien schweifte der Blick südlich ins Werder, dieser aufs engste mit der Danziger Geschichte verknüpften Landschaft. Der Pfiff einer Lokomotive rief in die Gegenwart oder die jüngere Vergangenheit zurück; wenn ein Zug den Güterbahnhof am Thornschen Weg erreichte, wenn Wagen dort rangiert wurden. Zwischen dem Leegen Tor und der Bastion Maidloch überquerten sie auf schmaler Brücke den Wallgraben. Seit 1852 hatte am Thornschen Weg Danzigs erster Eisenbahnanschluß begonnen und erreichte die sogenannte von Berlin über Schneidemühl, Bromberg und Dirschau nach Königsberg führende Ostbahn. Darum sprachen die Danziger vom Ostbahnhof, der eigentlich ein Südbahnhof war. Erst 1880 wurde zwischen der Nordpromenade und dem noch bestehenden Stadtgraben vom Pommerschen Bahnhof aus die Nordstrecke zunächst nach Köslin eröffnet und später bis Stettin verlängert. Der 1900 angelegte Hauptbahnhof verband die Nord- und Ostbahnstrecke miteinander, wonach der Bahnhof am Leegen Tor nur noch dem Gütertransport diente. Unmittelbar neben dem Bahnhof lag das alte Gaswerk, das 1903 durch eine weitere Gasanstalt am Milchpeter ergänzt werden mußte.
Der Blick ins Werder fing auch die Steinschleuse ein, die im selben Jahr wie das Leege Tor aus strategischen Gründen vom Stadtbaumeister Strakowsky angelegt worden war, um die Einführung der Mottlau in die Stadt zu sichern. Ihrem ursprünglichen Zweck längst entfremdet, wirkte die Steinschleuse in unserer Zeit mit ihren schnurgeraden Mauern und deren Turmreitern mitten zwischen zwei Bastionen durch die Vereinigung von strenger Geometrie und Zierde durchaus ästhetisch und bildete im Rahmen ihrer Umgebung einen heimlichen Beginn des Reizes, den der alte Mottlauhafen auf vielfache Weise besaß.
Um das Gesicht des älteren Hafens zu zeigen, gehen wir von der Steinschleuse die Abegg-Gasse hinunter, noch dem Lauf der Neuen Mottlau folgend, erreichen über die Thornsche Brücke den gleichnamigen Weg, dem entlang sich der die Neue Mottlau mit der alten verbindende und die Speicherinsel abtrennende Graben zieht, bis sich an ihrer nördlichen Spitze Alte und Neue Mottlau treffen. In ihrer ganzen Länge wurde die Speicherinsel von der Hopfengasse durchzogen. Ein Verbindungsgleis vom Güterbahnhof am Thornschen Weg zog sich hier entlang. Durch Drehscheiben wurden die von West nach Ost verlaufenden Seitengassen mit ihm verbunden. 1884 war diese Verbindung von der Korporation der Danziger Kaufmannschaft angeregt worden. Wegen Feuersgefahr durften die Güterwagen aber nicht von Lokomotiven bewegt werden, sondern sie wurden gruppenweise von Pferden, in der Regel von einem Vierergespann, zu ihren Speichern gezogen. Wenn ein solcher Transport unterwegs war und die Milchkannengasse, die Verbindung zwischen Rechtstadt und Niederstadt, passierte, stockte der Durchgangsverkehr.
Die berechtigte Furcht vor Feuersgefahr, zudem die Sorge des militärischen Schutzes, hatte das Speichergelände überhaupt erst zu einer Insel gemacht. 1576 wurde eine natürliche Bodensenke dazu benutzt, einen neuen Arm der Mottlau herumzuleiten. Bis in das vorige Jahrhundert hinein war es strenger Brauch, die Speicherinsel bei Einbruch der Dunkelheit hermetisch abzuschließen und scharf abgerichtete Bluthunde durch die Gassen schwärmen zu lassen. Doch gab es weder in Frieden noch Krieg einen vollkommenen Schutz. Aus begreiflichen Gründen war die Speicherinsel bei Belagerungen eines der wesentlichsten artilleristischen Ziele, am meisten verheerend wohl während der fast einjährigen Belagerung vom Februar 1813 bis zum Januar 1814. Auch in Friedenszeiten ereigneten sich Speicherbrände, wie jener mehrere Tage währende am Ende der zwanziger Jahre.
Ihren Zweck erfüllte die Insel noch immer: hauptsächlich Getreidelager zu sein, denen vielfach auch Kontore angeschlossen waren; aber auch Güter anderer Art warteten hier oder wurden weiter umgeschlagen. Mit den historischen Wechselfällen hing es zusammen, daß sich Speicher sehr unterschiedlichen Alters auf der Insel befanden; doch ergab sich nach der Mottlauseite hin jene stattliche und originelle Form der Speicherfolge mit verschiedenen Höhen der einzelnen Gebäude, Steinbauten, malerische Fachwerkbauten, doch fast alle mit einem Satteldach. Gelegentlich durchbrach diesen Zug der Stumpf einer Brandruine. An der Neuen Mottlau trennten die hierhin mündenden Seitengassen bescheidenere Speicherfolgen. Manche Speicherfronten erinnerten an die von Elbing und Königsberg.
Über die Grüne Brücke, bzw. die Milchkannenbrücke hinweg verband die Milchkannengasse die Rechtstadt mit der Niederstadt und darüber hinaus mit dem Werder. Darum setzte sich hier der aus der Langgasse gewohnte Durchgangsverkehr fort, war aber genötigt, sich vor dem Passieren der Milchkannenbrücke gleichsam respektvoll zur Seite zu drükken; denn die eigentlich schnurgerade Fahrtrichtung verwehrte vor allem der Milchkannenturm. Er hatte seit der zweiten Hälfte des sechzehnten Jahrhunderts die bis vor die Speicherinsel verlegte Stadtbefestigung verstärkt, verlor aber seine Aufgabe, als auch die Niederstadt von dem neuen Bastionssystem umfaßt wurde. So überdauerte er unangefochten die Jahrhunderte zusammen mit einem kleinen, nicht ganz vollendeten Turm, der wegen seines zufälligen Umrisses im Volksmund das Sahnekännchen genannt wurde. Als der Verkehr in den dreißiger Jahren deutlich anstieg und sich endlich drei Straßenbahnlinien zusammen mit Fuhrwerken und Automobilen vorüberquälen mußten, blieben die Türme selbstverständlich erhalten; doch wurde eine neue und beträchtlich breitere Brücke geschaffen. Der Verkehr floß nun schneller nach Langgarten ab, der Hauptstraße der Niederstadt.

Fischbrücke mit Fischmarkt, rechts der Schwanenturm ▷

Das Häkertor ▷

Seefisch-Handlung
Carl Voigt
36 W. Grabowski 36

Eisen u. Stahlwaaren Handlung
Johannes Husen
Restaurant

Fischfrauen bieten ihre Ware feil

Mittelpunkt war und blieb hier Sankt Barbara, ursprünglich mit einem Hospital verbunden, nach einem Brand um 1500 wieder aufgebaut. An der Haltestelle gegenüber trennten sich die Linien 3 und 5 von der Linie 4, um in der Weidengasse, in der Nähe des Marienkrankenhauses ihre Endhaltestelle zu erreichen, während die Linie 4 am Langgarter Tor vorbei über die Breitenbachstraße nach Heubude fuhr. Zur Nacht aber trafen sich alle diese Wagen hinter der Weidengasse im großen Depot der Lenzgasse wieder. Von Sankt Barbara war es auch nicht weit zum städtischen Schlachthof am Englischen Damm oder in der Freistaatzeit zum Landeszollamt an der Schäferei. Hier befand sich eines der wenigen Rokokogebäude der Stadt, für den künstlerisch interessierten Betrachter um so kostbarer, als die alte Kommandantur zwischen Trojan- und Sankt-Barbara-Gasse 1905 leider abgebrochen worden war. Nur ein Straßenname erinnerte danach an sie.

Das Erlebnis des älteren Hafens begann an der Grünen Brücke, die wie die in Sichtweite südlicher gelegene Kuhbrücke als Klappbrücke konstruiert war, damit größere Frachtdampfer passieren konnten, die aus eigener Kraft oder, von Schleppern gezogen, an der Speicherinsel bis zur Aschbrücke festmachten. Brachten sie Getreide, so wurden sie an moderneren Speichern durch Exhaustoren entladen, während sonst Ladebäume und Stauer in Tätigkeit traten. Nur Schiffe mit mittlerem Tiefgang konnten so weit die Mottlau noch hinauffahren, und daher traf man auch vielfach Ladekähne auf der Speicherseite an.

Dem Beladen und Entladen sah man am ehesten von der Langen Brücke zu, und an sie dachte der Danziger zuerst, wenn er sich zu einem Spaziergang an der Mottlau entschloß. Für den Fremden barg der Name die Möglichkeit eines Mißverständnisses, das jedoch bei der Begegnung mit dem Kai zwischen Grünem Tor und Häkertor verschwand. Es handelte sich vor allem um einen Fußweg, der sich über Pflaster verschiedener Qualitäten hinzog, an Häusern unterschiedlichen Alters vorbei, an reinen Wohnhäusern, aber auch kleineren Fachgeschäften und Gaststätten. Die Eindrücke wechselten, denn keines der Gebäude glich dem anderen. Vorüber zogen aber auch die stärkeren architektonischen Akzente dieser Reihe: die Tore, nach dem Grünen Tor das Brotbänkentor, das Frauentor, das Heilige-Geist-Tor, das Krantor, das Johannistor, das Häkertor, auch sie sehr unterschiedlich in ihrer Bauweise, überragt aber vom geometrischen wie architektonischen Mittelpunkt der Langen Brücke, dem Krantor. An allen anderen Toren konnte man vorübergehen; die Gestalt des Krantors aber erlaubte dem Spaziergänger nur, unter ihm hinwegzugehen.

Am Brausenden Wasser, Winterbild mit Schwanenturm

Seit 1443 in der überlieferten Form bestehend, war es wie alle Mottlautore als Wehrtor gedacht im Verband der Stadtbefestigungen zur Mottlau hin. Von diesem Zweck zeugten eindeutig die beiden, Rundtürmen ähnlich, vorgewölbten Flügel, in deren Backsteingemäuer die Schießscharten zu erkennen waren. Der mittlere, den Torbogen tragende, ebenfalls steinerne Teil des Bauwerks trug einen sich oberhalb des Durchgangs in vier Stufen über das Wasser vorschiebenden hölzernen Vorbau, dessen Pfeiler auf der Langen Brücke ruhten, dessen Satteldach sich sodann deutlich von dem des steinernen Turmbaus absetzte. Die hölzerne Giebelwand herab hing, über Rollen geführt, eine eiserne Doppelkette, umlief ein Rad, an dessen Achsengabel an einem Ring mehrere mannshohe, in Haken auslaufende Ketten über dem Wasser schwebten. Über viele Jahrhunderte hatte dieser Kran Lasten in Segelschiffe verladen oder entladen, aber auch oft den im benachbarten Kielgraben neugebauten Schiffen die hohen Masten eingesetzt. Auf alten Stichen wurde dieser Vorgang festgehalten. Das Torgewölbe gab dem Betrachter ein technisches Geheimnis preis: Zwei auf starken Achsen gelagerte Treträder verrieten den ursprünglichen Antrieb durch Menschenkraft, der von Sträflingen aus dem Stockturm zu besorgen war.

Das Krantor blieb auch nach dem Verlust seiner ursprünglichen Aufgaben das beherrschende Symbol des Hafens. Ob man von der Grünen Brücke sich näherte oder vom Fischmarkt her, die im buchstäblichen Sinne überragende Konstruktion des Krantors drang sich dem Blick auf, ebenso, wenn man die Lange Brücke vom anderen Ufer her betrachtete, von der Schäferei etwa oder vom Bleihof aus; nur daß aus diesem Blickwinkel sich die Lange Brücke in einem Gesamtpanorama zeigte, in dem auch manch wenig bedeutsames einzelne zum Eindruck des Ganzen beitrug: die ruhige Ebene des Wasserspiegels und die wechselnde Linie der Tore, der Giebel, der Dächer. Der echte östliche Winter schuf einen anderen Reiz, wenn die altersdunklen Mauern mit dem dichten Weiß ihrer Dächer oder gar mit der beschneiten Eisdecke des Flusses kontrastierten.

Zwischen Grüner Brücke und Krantor befanden sich die Treppen zu den hölzernen Anlege- und Abfahrstellen der Personenschiffahrt. Von hier aus fuhren Dampfer mottlauabwärts in die Tote Weichsel hinein bis nach Neufahrwasser für den, der sich mit einem kleineren Ausflug begnügen wollte, oder schon ein Stück in die Ostsee hinein bis nach Zoppot für die Freunde einer Halbtagsfahrt, wobei die Ostseebäder Brösen und Glettkau, bis zum Beginn der Freistaatzeit auch die Westerplatte gegenüber Neufahrwasser, angelaufen wurden. Für eine Ganztagsfahrt entschied sich, wer die Fahrt nach Hela wählte, das Fischerdorf auf der gleichnamigen Halbinsel. Ihm winkte das Erlebnis des gesamten Hafengebietes, der Danziger Bucht und der Abgeschiedenheit. Eine andere, nicht minder abwechslungsreiche Fahrt blieb im Bereich der Binnengewässer: die Tote Weichsel hinauf bis zum Durchbruch nach Neufähr oder zum Baden an den Bohnsacker Strand oder bis nach Einlage, dem Schleusenort zwischen Toter Weichsel und Stromweichsel. Wie bei der Rückkehr von

Speichermarke

Hela konnte der Wasserweg erneut oder aber der Schienenweg gewählt werden, hier indessen nur die Kleinbahn, die vor Kneipab, nahe dem Werder Tor, Danzig erreichte. Von der Neuen Mottlau fuhren die Schiffe nach Elbing ab, welche die Tote Weichsel bei Einlage verließen, die Stromweichsel bis zum Danziger Haupt befuhren, um danach über die Elbinger Weichsel und einen Ausläufer der Nogatarme den Kraffkohlkanal und endlich Elbing selbst zu erreichen. Wer diesen Weg einschlug, verzichtete bewußt auf die viel kürzere Zugverbindung, erlebte aber die Landschaft der Niederung und des Werders und genoß einen Durchblick zum Frischen Haff.

Das alles waren Schiffswege gleichsam in die nähere Ferne; ein Schiffsweg aber in die nächste Nähe war auch aufs engste mit dem Krantor verbunden, der von hier zum Bleihof führte, einer der Speicherinsel vorgelagerten Insel, zwischen Mottlau und Kielgraben gelegen. Von dieser Fahrt wußten nur noch die Älteren genüßlich zu berichten, solange Anfang des Jahrhunderts hier eine Seilfähre verkehrte, für zwei Pfennige pro Person gezogen von einem Fährmann, den man Paulchen von der Krantorfähre nannte. Er galt als stadtbekanntes Original, schlagfertig in seinen Redewendungen, natürlich in Danziger Mundart, unvorhergesehenen Lagen durchaus gewachsen und einem guten Tropfen zugetan. Viele Szenen, deren Mittelpunkt Paulchen war, wurden schnell bekannt, anekdotisch gefärbt, zuweilen auch gedichtet. Dieses lebende Original war eng verwandt mit den erfundenen Gestalten Bollermann und Welutzke, die im Danziger Raum die gleiche Rolle spielten wie im Kölner Bereich Tünnes und Schäl. Sie lebten zwischen Langer Brücke und Neufahrwasser. Als die Krantorfähre durch eine Dampffähre ersetzt war – und damit auch Paulchen verschwand –, blieb die unterhalb des Bleihofs gelegene Seilfähre zwischen Schuitensteg und Langgarter Wall. Auch weiter abwärts, wo die Mottlau die Tote Weichsel erreicht hatte, wurden die Ufer durch Fähren verbunden, weil es im Bereich der Mottlau nach der Grünen Brücke und im Bereich der Toten Weichsel nach der Breitenbachbrücke keine weiteren Brücken mehr gab.

Altes Wohnhaus auf Brabank; dahinter beginnt der Hufschmiedegang als Verbindung zum Eimermacherhof, dessen alte Häuser eine ähnliche Front zeigen (Seite 63). Hier befanden wir uns auf dem ältesten Boden der Stadt

Den südwestlichen Teil der Straße Hohe Seigen begleitete der Radaunekanal, bevor er sich – im Hintergrund sichtbar – nach Nordosten und schließlich nach Südosten zu seiner Mündung wandte. Auf dem Bild sehen wir deutlich die ins Wasser ragenden Stege, von denen aus viele Hausfrauen noch ihre Wäsche spülten. Im Hintergrund rechts zeigt sich ein Flügel des städtischen Betriebsamtes ▷

Schon um die Jahrhundertwende war es auf der »Fischbrücke« (Vordergrund) und »Am brausenden Wasser« (Hintergrund) sehr belebt, wenn der Fischmarkt abgehalten wurde. Freilich waren am Kai zumeist noch Segelkähne befestigt, auf denen die Fischer ihre Ware am frühen Morgen heranbrachten. Am Ende der Fischbrücke sehen wir den Schwanenturm, diesmal aus anderer Perspektive als auf Seite 54 ▷

BIRGIT
Aktiengesellschaft
Salzlager Richa

Auf dem Bleihof befand sich neben dem Eichamt seit 1898 das die Insel beherrschende Elektrizitätswerk, dessen summende Generatoren oft am Ufer zu hören waren. Mit seinem Bau ergab sich eine steigende Elektrifizierung der Stadt, eine Entwicklung, deren Beginn der von 1863 bis 1890 amtierende Oberbürgermeister Leopold von Winter ausgelöst hatte. Von den Anfängen der Gasanstalt haben wir schon gehört. Zu Beginn der sechziger Jahre wurde die Berufsfeuerwehr gegründet, deren Hauptfeuerwache sich zuletzt zwischen Reitbahn und dem Beginn der Hundegasse befand. Die entscheidende Tat von Winters war die zwischen 1869 und 1871 vollzogene Anlage der städtischen Wasserwerke, die Quellwasser in die Stadt leiteten, und wenig später dann der Ausbau einer hygienisch einwandfreien Entwässerung, deren Mängel bis dahin vor allem in den Sommermonaten fast regelmäßig zum Ausbruch von Seuchen, auch der Cholera, führten. Schon im darauffolgenden Jahrzehnt nahm die Sterblichkeit merkbar ab.

Dampfer Olga hat an der Speicherinsel festgemacht

◁ *Speicher auf dem Bleihof, davor die alte Krantorfähre*

◁ *Speicherinsel an der Mottlau gegenüber dem Krantor*

Die Milchkannengasse überquert die Speicherinsel und verbindet die Rechtstadt mit der Niederstadt. Im Hintergrund der Milchkannenturm

Verbessert werden konnte ganz entschieden die Krankenpflege in den drei Hauptanstalten der Stadt: im Marienkrankenhaus, seit 1852 bestehend; im Diakonissenhaus auf Neugarten, seit 1857 wirksam; und in den städtischen Krankenanstalten, die von der Sandgrube 1911 in den zwischen Danzig und Langfuhr gelegenen Neubauten untergebracht wurden und von der Großen Allee aus durch die Dellbrückallee erreicht werden konnten.

Die alte Kommandantur, 1905 abgebrochen

◁ *Der Milchkannenturm und das Sahnekännchen an der Neuen Mottlau*

◁ *Blick von der Kalktorbrücke auf das Elektrizitätswerk und die Lange Brücke*

Dem Bleihof gegenüber erhielt der Mottlaukai einen anderen Namen: Fischbrücke, und später Am Brausenden Wasser. Innerhalb dieses Bereichs wurde der Fischmarkt, gleich dem Wochenmarkt auf dem Dominikanerplatz, wöchentlich zweimal abgehalten. Dieser Markt erhielt seine Farbe und seine Bewegung, vor allem aber seine Sprache von den Fischfrauen. Es waren überwiegend die Ehefrauen jener Fischer, die zwischen Heubaude und Nickelswalde wohnten und in aller Frühe mit dem Dampfer weichselabwärts ihre frische Ware, aber auch Geräuchertes, zum Verkauf in die Stadt brachten. Da standen sie nun, im Sommer meist mit Schutenhüten, im Winter mit Hut und Kopftuch, hinter grünen Bottichen, Zubern und Eimern, ihre Ware beredt anpreisend, belächelt, bewundert, gefürchtet wegen ihrer drastisch-plastischen Ausdrucksweise, mit der sie möglicher Kritik ihrer Ware begegneten, und dieselbe Hausfrau, die als »liebes Madamchen« fast schon zum Kaufen bereit war, mußte sich »olle Goy« nennen hören, wenn ihr die Ware nicht zusagte. Fritz Jaenicke hat die Danziger Fischfrauen mehrfach bedichtet, und es hieß, daß ihre Kolleginnen in Elbing und Königsberg ebenso wortgewaltig waren. Daß viele dieser Fischfrauen ihr Geschäft mit Leidenschaft betrieben, zeigte sich spätestens dann, wenn ihr und ihres Mannes Fleiß genügend Mittel zu einem behaglichen Ruhestand erworben hatte und sie sich vom gewohnten Geschäft nicht zu trennen vermochten. Vor schlechter Witterung schützte sie außer warmer Kleidung und einem großen Schirm der in einem nahen Lokal aufgebrühte Kaffee oder ein unter die Röcke praktizierter heißer Ziegelstein, zuweilen schon ein kleiner Ofen. Am Ufer hatten auch größere, mit einem Überbau versehene Kähne festgemacht, auf denen auch außerhalb der Markttage Fische, aber auch Obst verkauft wurde, nach frühem Einbruch der Dunkelheit dann beim Licht einer Petroleum- oder Karbidlampe. Natürlich gab es auch Fischgeschäfte in der Stadt, aber die frische Ware des Fischmarktes und seine Atmosphäre konnte nichts ersetzen. Architektonischer Mittelpunkt jenes Treibens war der Schwanenturm, an dem schon Ordensritter, Patrizier, Kaufleute der Hanse, Seeleute und Soldaten vieler Nationen vorübergegangen waren.

Hinter dem Bezirk des Fischmarktes mündete unter der Kalktorbrücke der Radaunekanal, nachdem er an Karpfenseigen vorbei den malerischen Eimermacherhof passiert und vor der Brücke sich zu einem Becken erweitert hatte. Über Brabank führte der Weg zum Schuitensteg, der die Mottlau bis zu ihrer Mündung in die Tote Weichsel begleitete. Dieser Teil der Mottlau bildete den Übergang vom alten zum neuen Hafengebiet. Hier befand sich das Hafenamt. Es war indessen auch der Bereich, der aus dem geschichtsreichen Raum des Stadtkerns in ein fast völlig der Gegenwart gehörendes Gebiet überleitete.

Der letzte Teil des Schuitensteges umschloß mit dem Milchpeter die seit 1903 bestehende neue Gasanstalt. An den Milchpeter angrenzend, lief eine Schwebebahn, auf der von Zeit zu Zeit mit Koks beladene Katzen rollten, während die Reihe leerer Katzen ihnen entgegenkam. Außerhalb des Anstaltsgeländes, zwischen dem Milchpeter und der Wallgasse, stand der große Gasometer, den älteren bei weitem überragend. Ihm gegenüber, an der Wallgasse, von Hohe Seigen aus betretbar, war die Hauptverwaltung der Stadtwerke in einer ehemaligen Kaserne untergebracht. Die Produktion von Gas und elektrischem Strom, die Bewässerung und Entwässerung des Stadtgebietes wurde von hier aus überwacht.

Für die allmählich den Seeverkehr beherrschenden Dampfschiffe war es schon in der ersten Hälfte des vorigen Jahrhunderts nötig geworden, die Fahrrinne der Weichsel von ihrer Mündung an bis zur Einmündung der Mottlau immer wieder zu vertiefen, ein Bemühen, das die Ablagerungen des Stromes ununterbrochen erschwerten. Zudem blieb dieser Teil der Weichsel, bedingt durch den alljährlichen Eisgang, kein ideales Hafengebiet. Eine endgültige Verbesserung brachte ein Naturereignis, als die Weichsel sich in der Nacht zum 1. Februar 1840 als Folge eines Eisstaues eine zweite Mündung bei Neufähr schuf. Dieser sogenannte Weichseldurchbruch ermöglichte es nun, unterhalb davon, bei Plehnendorf, eine Schleuse einzubauen, wodurch diese restliche Weichsel ihre Strömung verlor und zur Toten Weichsel wurde. Seit zwischen 1890 und 1895 bei Schiewenhorst der Weichseldurchstich künstlich erfolgt war, hatte sich das Gebiet der Toten Weichsel fast um die Hälfte vergrößert, nachdem eine zweite Schleuse bei Einlage die Strömung abtrennte. Angesichts dieser doppelten Sicherung war es nun möglich, die Tote Weichsel bis zur Stadt hin auszubaggern. Verhindert wurde dies aber bei der Mottlau dadurch, daß der Untergrund der Speicherinsel sich als zu nachgiebig erwies. So wurde der Vorort Neufahrwasser hauptsächlich zum Umschlagplatz für größere Schiffe, während am der Stadt näher gelegenen Teil der Toten Weichsel moderne Werften entstanden.

Der Eimermacherhof am Radaunekanal ▷

Bootsverleih am Eimermacherhof ▷

Wohnhaus Schäferei 3, ein Rokokobau in der Niederstadt

Die Schuitenlake vor ihrer Erweiterung zum Kaiserhafen

Stille Fahrt für die Lastensegler nach Neufahrwasser

Ein Blick von der Spitze des »Strohdeich« auf die Kaiserliche Werft

Die Kaiserliche Werft um 1900 vom Holm aus gesehen

Die Mottlau in Höhe der Radaunemündung. Links das Elektrizitätswerk, im Hintergrund die Lange Brücke

Kommerzienrat Dr. Ziese, Ferdinand Schichaus Schwiegersohn und Begründer der Schichauwerft an der Toten Weichsel

Von der Breitenbachbrücke aus übersah man das Weichselbett zwischen Strohdeich und dem Troyl bis zur Südspitze des Holms mit den sich teilenden Weichselarmen. Zu Füßen des Betrachters erstreckte sich der Holzhafen, rechts davon die Eisenbahn-Hauptwerkstätte, dahinter das Gelände der Rieselfelder. Hatte ein weichselabwärts fahrendes Schiff die Südspitze des Holms erreicht, entschied sich erst für den Betrachter der weitere Weg; einer der beiden Weichselarme konnte es sein, oder aber nach scharfer Linkswendung ging es in die Mottlaumündung hinein. Schon an dieser Stelle berührte das Schiff den Bezirk der Werften.

Der Hammerkran der Schichauwerft wurde das neue Wahrzeichen der Stadt

Auf Strohdeich, rechts von der Mottlaumündung, befand sich die Klawitterwerft, seit 1827 bestehend, auf der schon in der Mitte des vorigen Jahrhunderts die erste preußische Dampfkriegskorvette »Danzig« vom Stapel gelaufen war. Diese Werft indessen war die bei weitem kleinste. Eine kürzere, aber wirkungsvollere Geschichte hatte die Danziger Werft während der Freistaatzeit. Ursprünglich im Besitz des preußischen Staates, war sie aus einem Korvetten-Depotplatz entstanden, den die Marineverwaltung 1844 von der Stadt am Holzraum erworben hatte. Nach 1871 ging diese Werft dann in die Verwaltung der Reichsmarine über und erhielt den Namen Kaiserliche Werft. Deren Gelände erstreckte sich allmählich am Weichselufer vom Milchpeter bis zum Holzraum, und die Produktion konzentrierte sich ganz auf den Bau von Kriegsschiffen und später vor allem auf den Bau von U-Booten. In diesem Zusammenhang, aber auch angesichts der Seeschiffe mit weiter wachsendem Tiefgang, wurde es nötig, die nahe der kaiserlichen Werft gelegene Schuitenlake zu erweitern. Diese Schuitenlake, ein Nebenarm der Weichsel, umschloß zusammen mit ihrem Hauptarm den Holm. Der so erweiterte Arm wurde in Kaiserhafen umbenannt und verkürzte den Weg zur See, vergrößerte zugleich das Fassungsvermögen des Hafengebietes. Teile des Holms wurden später in die Werft miteinbezogen. Nach dem Ersten Weltkrieg wurde sie, den Folgebestimmungen des Friedensvertrages gemäß, in eine internationale Gesellschaft umgewandelt. Obwohl die Nachkriegszeit mit Inflation und Weltwirtschaftskrise problematisch genug wurde, war die Existenz der Danziger Werft nicht gefährdet. Für den technisch interessierten Beobachter blieb es, insbesondere vom Holm aus, immer ein Schauspiel, wenn das große Schwimmdock ein Seeschiff aufnahm oder entließ oder wenn der Lange Heinrich, ein weit sichtbarer Schwimmkran, zu arbeiten begann.

Das Ende der Straße Am Holzraum, von dem aus die Holmfähre verkehrte, trennte am Weichselufer die Danziger von der Schichauwerft. Sie war in ihren von Geheimrat Ziese geleiteten Anfängen 1891 zunächst nichts anderes als eine Zweigniederlassung der schon seit 1837 bestehenden Stammwerft Ferdinand Schichaus in Elbing. Bei steigendem Tiefgang der Schiffe hatte sich der Elbing schließlich als zu flach erwiesen, und nun bot sich das günstigere Gelände in Danzig für den Bau moderner Seeschiffe an. In wenigen Jahrzehnten war aus der Zweigniederlassung ein Schwesterbetrieb geworden. Spezialität wurde der Bau großer Kriegs- und Handelsschiffe. Für die Übersee-Personenschiffahrt entstand hier 1913 die »Columbus« mit 32500 BRT. Auch für diese Werft brachte der Ausgang des Weltkrieges Probleme mit sich, aber der Rhythmus der Niethämmer blieb das Lebenszeichen des Unternehmens neben dem 250 Tonnen bewegenden großen Hammerkran, dem industriellen Wahrzeichen Danzigs.

Hermann Noé, seit 1936 Generaldirektor der F. Schichau GmbH, Ölbild von Otto Dix

Kleinere Gewerbebetriebe, Speicher, Fabriken, wie die Waggonfabrik oder die Margarinefabrik Amada Vitello, säumten das linke Weichselufer vor allem oberhalb der Werften oder befanden sich in seiner Nähe. Hier verlief seit 1903 die Straßenbahn der Linie 8, die später über Paul-Beneke-Weg und die Siedlungen Schellmühl und Lauenthal führte. Die Weichseluferbahn, die Danziger Werft und Gasanstalt mit dem Hafengelände verband, erreichte gegenüber Weichselmünde den Weichselbahnhof, auf dem sich hauptsächlich der Frachtwechsel von Schiff zu Bahn vollzog. Von hier aus zweigten mehrere Anschlüsse zu verschiedenen Bezirken des Hafens ab, aber auch eine Verbindung zu der seit 1867 bestehenden Hauptlinie Danzig Hbf.–Neufahrwasser, die zugleich dem Personenverkehr diente und an dem Betriebsbahnhof Saspe vorüberführte, von dem aus die Fernzüge fahrbereit gemacht wurden.

Die Hansestadt Danzig vom Seedienst Ostpreußen, dessen Schiffe die Freie Stadt mit dem Reich verbanden

◁ *Der Holzhafen am Troyl*

◁ *Blick auf die Schichauwerft zu Beginn des Jahrhunderts*

Der Hafenkanal und die beiden Molen, links oben der Freihafen, rechts davon das Munitionsbecken auf der Westerplatte

Die Westerplatte in Neufahrwasser war eines der beliebtesten Strandbäder der Danziger vor dem Weltkrieg

Auf dem rechten Ufer näherte sich die Festung Weichselmünde. Gleich oberhalb ihrer Bastionen weitete sich die Weichsel trichterförmig, noch jetzt die alte Mündung andeutend, die nach völliger Versandung 1845 zugeschüttet worden war. Hatte die seit 1626 bestehende Festung auch bei der fortentwickelten Kriegstechnik ihre eigentliche Funktion verloren, so wurde sie bis etwa 1914 Vollzugsort für Ehrenhaft. Später dienten die Festungsgräben vor den mehr friedlich als militärisch wirkenden weißgestrichenen Bauten als Hafen für Segelboote. Zwischen Festung und Siedlung lag die Anlegestelle der Fähre, die Badegäste aus Danzig übersetzte. Auf einem durch Heide und Wäldchen führenden Fußweg war das Strandbad zu erreichen, das besonders nach dem Verlust der Westerplatte an Beliebtheit gewann. Von hier aus führte seit 1927 eine Promenade zum Strandbad Heubude, das im selben Jahr durch eine Straßenbahn mit Danzig unmittelbar verbunden war.

Auf Kosten Weichselmündes war der gegenüberliegende Vorort Neufahrwasser entstanden. Als das Gelände 1772 preußisch wurde und Friedrich der Große von hier aus den Seehandel Danzigs unterbinden ließ, standen nur sieben Häuser am Ufer des »Neuen Fahrwassers«. Nach einem Eisgang hatte sich hier eine Fahrrinne gebildet, die schon 1673 ausgebaggert und zunächst Westfahrt im Gegensatz zur Nordfahrt Weichselmündes genannt wurde. Das Neue Fahrwasser wurde nach dem Weichseldurchbruch die endgültige Hafenausfahrt. Sie hatte bereits zwischen 1824 und 1838 die über achthundert Meter lange Ostmole und die kürzere Westmole zu ihrem Schutz erhalten. Seit dem 1. April 1843 war der Leuchtturm der Ostmole in Betrieb. Ein Lotsenturm entstand 1896 kurz vor der Einfahrt zum ersten Hafenbecken, das 1879 eröffnet werden konnte, damit unterhalb der Westmole Schiffe mit größerem Tiefgang einen Anlegeplatz fanden. Das siebenhundert Meter lange Becken wurde 1899 in einen Freihafen verwandelt, der Hafenkanal selbst 1912 von Weichselmünde an auf hundert Meter verbreitert. Südlich von Weichselmünde entstand schließlich bis 1929 ein zweites Hafenbecken, zum Umschlag von Massengütern mit modernsten Anlagen versehen. Der Ort selbst, schon seit 1814 eingemeindet, gehörte bald zu den größten Vororten der Stadt. Sein Wahrzeichen bildeten seit 1905 die einundsechzig Meter hohen Doppeltürme der neuen Himmelfahrtskirche.

Der Kaisersteg auf der Westerplatte vor der Freistaatzeit

Leuchtturm von Neufahrwasser

An der Ostmole

Zum Ort gehörte jenseits des Hafenkanals auf der Westerplatte das vor dem Ersten Weltkrieg wohl beliebteste Seebad der Stadt. Es ging nach dem Kriege verloren, als Polen das Recht erhielt, im Danziger Hafengebiet ein Munitionslager zu errichten. Unterhalb der Ostmole, gegenüber dem Freihafen, entstand ein besonderes Hafenbecken für den Munitionstransport, und das gesamte, ehemals zur Erholung dienende Gelände wurde durch eine rote Mauer hermetisch abgeschlossen.

Partie am Irrgarten auf dem westlichen Gelände der niedergelegten Festungswälle

Blick vom Elisabethwall auf die Elisabethkirche, im Hintergrund St. Joseph

Dr. Heinrich Sahm, der erste Senatspräsident der Freien Stadt Danzig von 1920 bis 1931, Ölbild von Otto Dix

Damit war das Ende einer politischen Entwicklung erreicht, von der sich zu Beginn des Jahrhunderts niemand etwas hätte träumen lassen. Die Hauptstadt der Provinz Westpreußen, seit dem 1. April 1878 Sitz eines Oberpräsidenten und der Organe der Selbstverwaltung, des Provinzialausschusses und des Provinziallandtages, hatte schon 1850 eine Oberpostdirektion erhalten, die seit 1872 für die gesamte Provinz zuständig war. 1895 war die Eisenbahndirektion hinzugekommen, deren erster Sitz am Ausgang der Nordpromenade nahe dem Olivaer Tor zu finden war. Nach der Einweihung des Hauptbahnhofs und dem vollen Ausbau der pommerschen Strecke sowie der das westliche Hinterland erschließenden Nebenstrecken Danzig–Langfuhr–Karthaus–Berent und Danzig–Praust–Karthaus–Lauenburg wurde für die angewachsene Verwaltung ein neues Gebäude geplant und 1914 bezogen. Es erhob sich unmittelbar am Olivaer Tor vor der pommerschen Strecke, nur durch die Geleise und die Auffahrrampe zur Irrgartenbrücke vom alten Gebäude getrennt. Ein weithin sichtbarer Punkt wurde diese neue »königliche Eisenbahndirektion« für den, der die Große Allee, von Langfuhr kommend, auf Danzig zuschritt.
Neben dem neuen Gebäude der Eisenbahndirektion auf dem freigewordenen Festungsgelände wurde am Elisabethwall 1901 das Generalkommando des XVII. Armeekorps errichtet. Diese Militärbehörde befand sich seit 1891 in der Stadt, ihren Charakter als Provinzialmittelpunkt noch unterstreichend. Der Kommandierende General hatte die alte Kommandantur bewohnt. Am bekanntesten wurde der letzte Befehlshaber des XVII. Armeekorps, der spätere Generalfeldmarschall August von Mackensen, der von 1908 bis zum Ausbruch des Ersten Weltkrieges hier seinen Dienst versah. Er trug die Uniform des 1. Leibhusaren-Regiments, dessen Kommandeur er gewesen war. Dieses Regiment stand seit 1817 in der Stadt in Garnison, während das 2. Leibhusaren-Regiment 1901 hier stationiert wurde. Von allen in Danzig befindlichen Regimentern galten die schwarzen Husaren nicht zuletzt wegen ihrer dekorativen Uniform als die beliebtesten. Hinzu kam die Verbindung dieser Regimenter zum Haus der Hohenzollern. Kaiser Wilhelm II. war Ehrenkommandeur des 1. Leibhusaren-Regiments, seine einzige Tochter wurde Ehrenkommandeur des 2. Regiments. Höhepunkt dieser Verbindung bildete die Anwesenheit des Deutschen Kronprinzen, der von 1911 bis 1913 als Kommandeur des 1. Leibhusaren-Regiments in Danzig weilte.

Dr. Ernst Ziem, Senatspräsident von 1931 bis 1933

Eingang zur Pfefferstadt, links geht es zum Hansaplatz, rechts zum Hauptbahnhof

◁ *Das Landeshaus auf Neugarten, während der Freistaatzeit Gebäude des Volkstages*

◁ *Die polnische diplomatische Vertretung auf Neugarten, links davon das Justizgebäude*

Der Hauptbahnhof am Stadtgraben. Von hier aus fuhren die Züge nach Ostpreußen und ins Altreich

Nach der Niederlegung der Wälle blieben in der Garnisonstadt die Festungsanlagen auf dem Hagelsberg und Bischofsberg weiter intakt. Die Danziger konnten militärische Übungen ihrer Truppen vor allem auf dem an der Großen Allee gelegenen kleinen Exerzierplatz beobachten oder auf dem großen, der östlich der pommerschen Eisenbahnlinie lag, zwischen den Bahnhöfen Langfuhr und Oliva, und auf dem später der Flugplatz errichtet wurde. Die ihm benachbarte Straße »Heeresanger« erinnerte an den früheren Exerzierplatz. Seit 1894 befand sich eine Kriegsschule auf der Nordpromenade. In dem Gebäude war später das Finanzamt der Freien Stadt untergebracht.

Das Eisenbahnunglück am Himmelfahrtstage 1938 hinter der Irrgartenbrücke am Olivaer Tor

Ein Haus der Eisenbahnersiedlung am Stiftswinkel

Die Eisenbahndirektion am Olivaer Tor

Der Grenzstein am Zoppoter Menzelbach; dahinter begann der polnische Korridor. Es war der nördlichste Grenzübergang des Freistaates

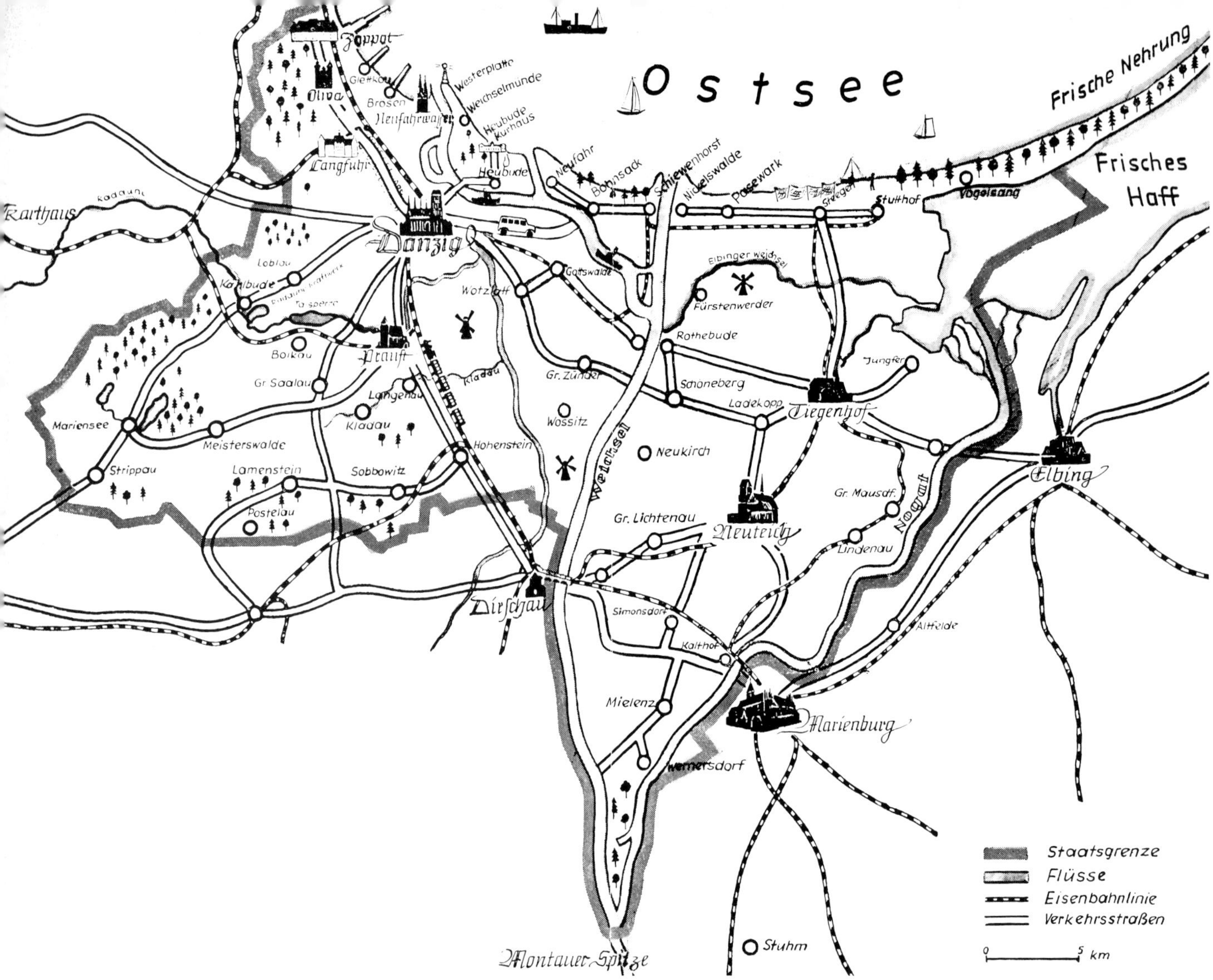

Karte des Freistaates Danzig

Carl Jacob Burckhardt, Schweizer Diplomat und Historiker. 1881 in Basel geboren, seit 1932 Professor in Genf, später in Zürich, war von 1937–1939 Völkerbundskommissar in Danzig. 1960 erschien der Band »Meine Danziger Mission«. Er starb 1974

Ein polnischer Briefkasten während der Freistaatzeit

Firmenschilder auf der Speicherinsel

Klasse der Volksschule am Faulgraben (Lehrer Granzin)

Als Sitz eines Provinzialschulkollegiums kam der Provinzhauptstadt besondere Bedeutung im Bereich des Schulwesens zu. Älteste Schule war das städtische Gymnasium, das als akademisches Gymnasium 1558 gegründet worden war und nun am Winterplatz einen Neubau erhalten hatte. Die ehemalige Lateinschule St. Petri wurde Oberrealschule. Sie hatte am Hansaplatz in einem 1904 fertiggestellten Gebäude eine großzügige Unterkunft gefunden, neben der Stadtbibliothek und dem Stadtarchiv, die ebenfalls in Neubauten ihren Sitz hatten. Das Gelände für die Institutionen war durch die Niederlegung der Wälle entstanden. Vom Realgymnasium St. Johann – ursprünglich eine Lateinschule – im ehemaligen Franziskanerkloster war schon die Rede. Seit 1883 war die höhere Mädchenschule in der Holzgasse zu finden. Sie hatte beim Umzug in ihr neues Haus den Namen Viktoriaschule erhalten. Neben diesen städtischen Schulen hatte die preußische Regierung 1876 das königliche Gymnasium in der Weidengasse und später das Kronprinz-Wilhelm-Gymnasium in Langfuhr gegründet, wohin auch 1900 das Conradinum aus Jenkau verlegt worden war. Bis 1913 waren schon zwei Knabenmittelschulen und dreißig Volksschulen entstanden, die mit dem Wachstum der Stadt allmählich erweitert wurden. Nach dem Ersten Weltkrieg änderte sich die Form des gymnasialen Unterrichts zum Teil. Im Zuge der Reformen wurde in Langfuhr 1929 die Helene-Lange-Schule an der Ostseestraße gegründet. Zu diesen allgemeinbildenden Schulen kamen noch Fachschulen verschiedenster Richtungen. Der Höhepunkt war zweifellos die Eröffnung der Technischen Hochschule am 6. Oktober 1904 durch den deutschen Kaiser. Bei ihrem Bau in Langfuhr bemühte sich der Architekt, an die Alt-Danziger Bauweise anzuknüpfen. Während der Freistaatzeit wurde die Technische Hochschule um Lehrstühle und Seminare des geisteswissenschaftlichen Bereichs derart erweitert, daß Studenten dieser Fakultät ihre Anfangssemester in Danzig verbringen konnten. Dies konnte aber erst nach intensiven Verhandlungen im Sommer 1921, die den Charakter der Hochschule als deutsche Schule sicherten, geschehen.

Damit berühren wir das Ereignis, das aus der Provinzialhauptstadt die Hauptstadt eines Zwergstaates, der »Freien Stadt Danzig« machte: die Niederlage des Deutschen Reiches und als Folge den Friedensvertrag von Versailles. Gemäß seinem Artikel 101 wurde aus der Stadt und einem Teil ihres

Klasse der Elisabethschule in der Burgstraße (Lehrerin Fräulein Froese)

Hinterlandes in einer Größe von 1966 qkm ein Freistaat gebildet, während der übrige Teil der Provinz Westpreußen überwiegend an den neugegründeten polnischen Staat abgetreten werden mußte. Dem Freistaat gehörten rund 360000 Einwohner an, von denen etwa 200000 im Stadtgebiet wohnten. Diese für das Schicksal der Stadt einschneidende Veränderung war das Ergebnis eines Kompromisses. Ursprünglich sollte Danzig an Polen abgetreten werden, weil die Regierung des neuen Staates einen freien und sicheren Zugang zum Meer forderte, dem Punkt 13 der Wilsonschen vierzehn Punkte gemäß. Obwohl in diesem Punkte Kompromisse vorgebildet waren, wenn eine Annektion zu schwierig würde, gelang es erst nach intensiven Bemühungen der Reichsregierung und Vertretern der Stadt, das Schicksal einer Annektion durch den Hinweis auf die zu sechsundneunzig Prozent deutsche Bevölkerung zu verhindern; doch wurde die Trennung der Stadt vom Reich angeordnet, ohne daß, wieder den Wilsonschen Punkten gemäß, das Selbstbestimmungsrecht der betroffenen Bevölkerung ausgeübt werden durfte.

Mit diesem psychologisch-politischen Problem belastet, war der Keim zu dem Dauerkonflikt des Freistaates mit der Republik Polen gelegt. Das verletzte National- und Rechtsgefühl auf der einen Seite und das empfindliche Nationalgefühl eines Volkes, dessen politische Existenz fast einhundertdreißig Jahre ausgelöscht worden war; der Blick der Danziger auf eine frische Wunde und der Blick der Polen auf eine vernarbende Wunde war kein Fundament für eine gutnachbarliche Zusammenarbeit.

Die Freie Stadt stand unter dem Schutz des Völkerbundes. Er war verpflichtet, den Staat politisch und militärisch zu schützen, und berechtigt, die Verfassung und deren eventuelle Änderungen zu genehmigen. Bei Konflikten zwischen Danzig und Polen hatte er als Schiedsrichter zu fungieren. Ein Hoher Kommissar residierte im Gebäude des ehemaligen Generalkommandos. Den wirtschaftlichen Interessen Polens entsprechend, erhielt die Republik vor allem auf dem Gebiet des Zoll- und Eisenbahnwesens und innerhalb der Hafenverwaltung erhebliche Sonderrechte. Verpflichtet war sie dagegen, die auswärtigen Angelegenheiten der Freien Stadt zu führen und ihre Staatsangehörigen im Ausland zu schützen.

Am 10. Januar 1920 schied Danzig aus dem Deutschen Reich aus und wurde offiziell am 15. November desselben Jahres zur Freien Stadt erklärt. Seine Verfassung war überwiegend nach dem Vorbild der Verfassung von Weimar entworfen. Legislative bildete der Volkstag mit einhundertzwanzig Abgeordneten; Exekutive war der Senat mit sieben hauptamtlichen und vierzehn nebenamtlichen Senatoren, der Regierungschef der Senatspräsident. Sein Amtssitz war auf Neugarten, das Gebäude des ehemaligen Oberpräsidiums, während der Volkstag in derselben Straße im ehemaligen Landeshaus tagte. Daneben befand sich die diplomatische Vertretung Polens. Der Hohe Kommissar wohnte und arbeitete nur zehn Minuten entfernt von den drei Institutionen. Die örtliche Lage war wie zur Zusammenarbeit geschaffen; aber, wie Carl Jacob Burckhardt, der letzte Hohe Kommissar, in seinen Erinnerungen berichtet, hatte es schon zwischen 1922 und 1933 zwischen Danzig und Polen einhundertundsechs Streitfälle gegeben. . .

Eingangstor zum Realgymnasium St. Johann in der Fleischergasse

St. Johann – Lehrerkollegium im Sommer 1935 ▷

St. Johann – Abiturklasse 1937 ▷

Ruderabteilung St. Johann, angegliedert an R. O. Victoria, Danzig, etwa 1903

Die Kasematten auf dem Hagelsberg gehörten bis 1919 zu den Festungsanlagen Danzigs, die nach dem Vertrag von Versailles geschleift werden mußten. Seitdem wurden die Anlagen durch Fußwege Spaziergängern zugänglich gemacht, die Kasematten selbst teilweise in Wohnstätten für Studenten verändert

An der pommerschen Strecke lagen hintereinander die beiden Vororte Danzigs, die vor allem während der Freistaatzeit eine deutliche Entwicklung erfuhren: Langfuhr und Oliva, beide sowohl mit der Eisenbahn als auch mit der Straßenbahn erreichbar. Wer die Straßenbahn oder das Auto wählte, durchfuhr den wohl liebsten Spazierweg der Danziger: die Große Allee. Sie begann am Olivaer Tor und führte schnurgerade nach Langfuhr bis zur Goßler Allee und mündete in die sogenannte Hauptstraße, die Langfuhr durchzog und in ihrer Verlängerung nach Oliva und weiter nach Zoppot führte. Die eineinhalb Kilometer lange Große Allee war zwischen 1768 und 1770 auf Anregung des späteren Bürgermeisters Daniel Gralath angepflanzt worden und bestand aus zwei Doppelreihen holländischer Linden. Sie war so breit angelegt, daß sich innerhalb jeder Doppelreihe ein bequemer Fußweg befand, zwischen den Doppelreihen aber das eigene Gleisbett der Straßenbahn und zwei Autofahrbahnen geführt werden konnten. Hinter der westlichen Doppelreihe zog sich noch eine nur Fuhrwerken vorbehaltene Straße hin. Zu jeder Jahreszeit hatte ein Spaziergang seinen eigenen Reiz. Besonders beliebt war der Weg durch den sich an der östlichen Seite vom Olivaer Tor bis zur Höhe des St. Michaelisweges ausdehnenden Steffenspark, der in einen aufgehobenen Friedhof mündete und auf den kleinen Exerzierplatz führte, hinter dem sich die Sporthalle mit ihren Tennisplätzen anschloß, die im Winter in eine Eisbahn verwandelt wurden. Durch einen Reitweg vom Steffenspark getrennt, erstreckten sich die vereinigten Friedhöfe. Auch auf der östlichen Seite der Großen Allee lagen zu verschiedenen Gemeinden gehörige Friedhöfe. Natürlich hatten sich diesen besonderen Spazierweg entlang einige Cafés etabliert, so etwa an der Haltestelle Halbe Allee das Café Konietzko. Der St. Michaelisweg führte zum Krematorium. Dort von der Höhe hatte der Besucher einen Blick über weite Teile von Langfuhr.

Als Daniel Gralath in der zweiten Hälfte des achtzehnten Jahrhunderts die Anpflanzung der Großen Allee angeregt hatte, sah man Wanderer, Reiter und Kutschen zwischen den jungen Bäumen. Es war der noch unbebaute Weg gewesen, den eine geschlossene Kutsche Richtung Pommern rollte und die den vom Danziger Magistrat an Preußen ausgelieferten Friedrich von der Trenck in lange Gefangenschaft brachte. Hier war der in Danzig geborene Zeichner Daniel Chodowiecki nach Berlin geritten. Napoleons Soldaten haben bei der Belagerung 1807 einen Teil der Alleebäume vor dem Olivaer Tor gefällt. Nun war es längst vergessen angesichts der ungestört wachsenden Pracht der Linden; und dieser zu jeder Jahreszeit beliebteste Spazierweg der Danziger war zugleich eine großzügig geschaffene Ausfallstraße, schnurgerade und eineinhalb Kilometer lang

Schon seit 1813 eingemeindet, war dieser jetzt größte Danziger Vorort um die Jahrhundertwende fast noch eine Gartenstadt mit immerhin 10000 Einwohnern, besiedelt im wesentlichen entlang der Hauptstraße, nach Osten hin bis zur Eisenbahnlinie, nach Westen bis zur Linie des Jäschkentaler Waldes. Geschäftszentrum wurde und blieb der Langfuhrer Markt. Die Mietshäuser und Villen, die innerhalb von Straßen oder auch straßenweise miteinander abwechselten, zeigten überwiegend den Charakter wilhelminischer Zeit. Die seit 1873 betriebene Pferdebahn Danzig–Langfuhr–Oliva wurde in den neunziger Jahren elektrifiziert, in dem Jahrzehnt, in dem die Kanalisation und die elektrische Beleuchtung sich entwickelte. Zwischen Hochstrieß und Hohenfriedberger Weg lag die Kaserne der Leibhusaren.
Nach dem Weltkrieg 1914–1918 entstand der nordöstlich der Eisenbahnlinie liegende Bezirk, dessen Mittelpunkt der Max-Halbe-Platz bildete, während die Peripherie im wesentlichen von der Ostseestraße und der Ringstraße (der späteren Magdeburger Straße) gezogen wurde. Die Straßenbahnlinie 5 verband diesen Teil Langfuhrs mit der Innenstadt, während die Linie 9 vor allem für die Verbindung der Langfuhrer mit dem ihnen nächsten Ostseebad Brösen sorgte. Auf dem Neuen Markt, in der Nähe der »Danziger Actien Bierbrauerei«, wurde ein zweiter Wochenmarkt eingerichtet. Am Bärenweg war die Christuskirche, ein helles Gebäude mit Zwiebelturm, entstanden. Die Pestalozzi-Schule und die schon genannte Helene-Lange-Schule ergänzten das am Ende der Großen Allee gelegene Conradinum und das Kronprinz-Wilhelm-Gymnasium am Falkweg.

Hauptgebäude der Technischen Hochschule in Langfuhr

Haupteingang zur Technischen Hochschule

An der Haltestelle Halbe Allee

Der Langfuhrer Markt

Parkweg in Langfuhr

Vor der Bäckerei Domke

Zu einem neuen Wanderweg wurde die Ostseestraße, die zwischen Laubenkolonien, ständig von einer Doppelreihe junger Bäume begleitet, bald hinter der Magdeburger Straße in einen Fußweg auslief (später in eine Straße verwandelt), der, den Brösener Weg kreuzend, unmittelbar an die See auf die Promenade zwischen Brösen und Glettkau führte. Das weitaus ältere Ausflugziel bildete indessen nach wie vor der Jäschkentaler Wald, westlich der Hauptstraße gelegen. Er lockte vor allem am Sonntag mit seinen Aussichtspunkten, Gartenlokalen und Wanderwegen. Auf der Wiese am Johannisberg wurde alljährlich das Johannisfest gefeiert, zu dem die Danziger genauso gerne pilgerten wie zum Dominik.

Das königliche Schloß ▷

Der Mühlenteich, rechts steigt der Karlsberg an ▷

Im Königlichen Garten ▷

Die Kathedrale in Oliva

Gesamtansicht der erhaltenen Klosteranlage, oberhalb davon der Königliche Garten

Oliva

Stärker noch zog, wenn man sich für eine Wanderung im Wald entschieden hatte, das erst 1926 eingemeindete, nördlich von Langfuhr gelegene Oliva, ein als Klostersiedlung seit der Gründung von 1178 belegter Ort, Ausflügler an. Auch er war gleich Langfuhr mit der Eisenbahn oder der seit 1901 elektrifizierten Straßenbahn zu erreichen. Wer sie zur Herfahrt wählte, stieg unmittelbar vor dem Haupteingang zum Königlichen Garten, dem geschichtlichen Zentrum des Ortes, aus. Königlicher Garten, weil diese Anlage, nachdem man das Kloster 1831 aufgehoben hatte, in den Besitz der preußischen Krone gelangte; denn der letzte Abt entstammte der katholischen Linie des Hohenzollernhauses. Aber auch im übertragenen Sinne hätte der Besucher von einem königlichen Garten sprechen können, der, in seinen Anfängen ein Klostergarten von weitaus größerem Umfang, im Jahrhundert des Rokoko zum Teil umgestaltet worden war und mit einem Wasserfall, einer Flüstergrotte und einer sich scheinbar in die Ostsee verlierenden, streng beschnittenen Lindenallee zum Bleiben einlud, aber auch mit dem durch die Jahreszeiten

Der Aussichtsturm auf dem Karlsberg

wechselnden Blumenschmuck und einem sehr alten Baumbestand. Das zwischen 1750 und 1754 entstandene Schloß, in dem die letzten Äbte residierten, wurde 1927 zum Staatlichen Landesmuseum für Danziger Geschichte. Sein Direktor Erich Keyser, Verfasser eines Werkes über Danzigs Geschichte, und seine Mitarbeiter verstanden es, den Besuchern durch wechselnde Ausstellungen die Vielfalt heimatlicher Geschichte näherzubringen. Ein später hinzukommendes Freilichtmuseum tat ein übriges. Nur zu einem Teil noch waren Klosteranlagen, deren Mittelpunkt die Kathedrale bildete, vorhanden. Sie war die Hauptkirche des 1925 gegründeten katholischen Bistums Danzig. Dieser reizvolle Ortsmittelpunkt, verbunden mit dem nahegelegenen Wald und dem durch die Linie 10 leicht erreichbaren Glettkau, machte Oliva auch zum beliebten Ruhesitz. Kein naturverbundener Besucher versäumte, den Karlsberg zu besteigen, zu dem man bald westlich des Königlichen Gartens gelangen konnte. Der gegen Ende des vorigen Jahrhunderts errichtete Aussichtsturm bot von seinen verschiedenen Stockwerken aus immer erneut überraschende Nah- und Fernblicke. Wohlbezeichnete Wanderwege führten durch den Olivaer Forst bis nach Zoppot, das eine selbständige Gemeinde bildete, obwohl es zu Danzig gehörte, enger noch als etwa Cranz zu Königsberg. Zoppot hatte sich zum vornehmsten Bad der Danziger Bucht entwikkelt. Es war durch eine Omnibuslinie mit Danzig verbunden.

Das Forsthaus in Jaeschkenthal

Zoppot, Blick von der Höhe auf Stadt und Ostsee

Vom Danziger Vorortbahnhof fuhr von einem eigenen Bahnsteig während der Hauptverkehrszeiten alle zehn Minuten ein Zug nach Zoppot ab.

Von dem Ort, der am 1. April 1902 zur Stadt erhoben wurde und rund zehntausend Einwohner besaß, hatte es noch sechzig Jahre zuvor in einem Stadtführer geheißen: »Ein Fischerdorf, seit fünf und zwanzig Jahren ein Badeort, fortwährend in sehr gedeihlichem Zunehmen.« Um die Jahrhundertwende wurde das Bad während der Saison schon von über zwölftausend Gästen besucht. Die Entwicklung hielt auch während der Freistaatzeit an. Als der Arzt Dr. Haffner den vordem zum Besitz des Klosters Oliva gehörenden Ort als Bad empfahl und erreicht hatte, daß am 21. Mai 1823, nachdem Anlagen für ein Seebad, ein Warmbad und für einen Kursaal geschaffen waren, der Badebetrieb eröffnet werden konnte, war diese Entwicklung noch nicht vorauszusehen. Schon 1880 konnte das erste Kurhaus errichtet werden. Das uns vertraute Gebäude war indessen das zweite, 1910 eröffnete. Es war auf die Achse des Seesteges ausgerichtet und bot mit seiner hellen, vielgliedrigen Front einen heiteren, weit von See her schon erkennbaren Anblick.

Das Freistaatgebiet, aus einem Bruchteil der ehemaligen Provinz Westpreußen entstanden

Wasserschöpfrad im Freilichtmuseum zu Oliva

Mehrfach hatte man den zur See gelegenen Kurgarten verändert. In seiner letzten Gestalt schmückte sein Zentrum ein Becken mit großer Fontäne, um das Bäume und Bänke symmetrisch angeordnet waren. In einem weiten Halbkreis umrahmte ihn, nach dem Seesteg zu offen, eine überdachte Wandelhalle. Der Seesteg selbst, nach seiner Verlängerung sechshundert Meter lang, bildete den längsten seiner Art an der Ostseeküste. Hier konnte man die Sportsegler beobachten oder heimkehrende Fischerboote, hier auch die Aus- oder Einfahrt der Handelsschiffe, wenn sie sich von der Westmole Neufahrwassers lösten oder sie erreichten; hier legten die Danziger Fahrgastschiffe an, bevor sie ihre Fahrt nach Hela fortsetzten. Für den Freistaat war hier der Anlegeplatz für die großen Schiffe des Seedienstes Ostpreußen, die, von Pillau kommend, nach ihrem Aufenthalt in Zoppot weiter nach Swinemünde fuhren und damit eine der wesentlichen Verbindungen zum Reich schufen. Der schweifende Blick umschloß die Danziger Bucht in dem Teil der See, den die Westmole des Hafens und die Spitze Helas markierten.

Meine Mutter ist das Meer:
Trägt mich, schäumendes Geschmeide,
Sich und euch zur Augenweide –
Weiß nicht um Wohin, Woher.

Und mein Vater ist der Wind:
Führt mich fort zu fernen Zielen,
Nur als flücht'ge Weggespielen
Wolken mir verschwistert sind.

Meine Heimat ist die Welt:
Muß zu tausend Küsten streben
Und der Erde mich ergeben,
Der ich als Vasall bestellt . . .

Hansulrich Röhl

Erste Postverbindung zwischen Zoppot und Danzig.

Ein Kauffahrteischiff oberhalb von Zoppot

Das »Kaiserliche Deutsche Schiffsjungen-Schulschiff« durchquert die Danziger Bucht

Auf dem Rückweg öffnete sich dem Betrachter der Strand von Brösen über Glettkau bis hin zur Steilküste von Adlershorst, die nach dem Kriege freilich schon zu Polen gehörte. Aber auch das Panorama des Zoppoter Strandes weitete sich, wenn Süd- und Nordbad das Kurhaus einrahmten, der Turm des Warmbades aufragte und sich das zwischen 1923/25 errichtete Kasinohotel nach Norden hin anschloß. Die Brösen mit Adlershorst verbindende Strandpromenade erweiterte sich hier zu einem Rondell. Die Nordpromenade bot dem Liebhaber von Strand und See einen bequemen Spazierweg, von dem aus er das Gewimmel der Badenden, die bunten Flecken der Strandkörbe, die wechselnden Gesichter der Wellen beobachten konnte. Zu Rast und noch überraschenderen Aussicht lohnte es sich, eines der Höhenrestaurants aufzusuchen, Stolzenfels etwa oder Brauershöhe oder gar das Bergschloß nahe am Menzelbach, dem nördlichsten Grenzübergang des Freistaates, gelegen. Der Weg zurück, der ja fast immer am Bahnhof endete, führte durch die Seestraße, und je nachdem, ob man zum Strand wollte oder ihn verließ, sah man vor sich den hellen Turm des Warmbades oder die Erlöserkirche. Die Seestraße war zur Hauptstraße des Bades geworden. Auch die Straßen in ihrer Nähe hatten sich der Entwicklung der Stadt angepaßt. Fachgeschäfte, Cafés, Pensionen und Hotels verschiedener Größe waren dort zu finden. Die gesellschaftlichen Veranstaltungen der Saison waren vielfältig. Von den fast täglichen Kurkonzerten angefangen über Modenschauen und Tanzturniere war der Höhepunkt der festliche Blumenkorso, dessen Schlußpunkt ein Feuerwerk setzte. Wer Abenteuer und Nervenkitzel suchte, begab sich in das seit 1920 bestehende Spielkasino.

Das Kurhaus mit Kurgarten und Beginn des Seesteges, rechts daneben das Kasino-Hotel

Der Weg zum Kurgarten und Seesteg zwischen Kurhaus und Warmbad ▷

Blick vom Kurgarten auf den Seesteg ▷

Ostseebad Zoppot - Familienbad

Wer kalte, aber klare Tage des östlichen Winters nicht scheute und nach Zoppot fuhr, erlebte, wie sich die verwandelte See in originellen Formen darbot. Je nach der Windstärke, bei der sie gefroren war, bildete sich bis weit in die Danziger Bucht ein fast ebenes weißes Feld, in das man gerne hinauswanderte und den Seesteg aus einer Perspektive erblickte, wie sie sonst nur von Schiffen aus möglich war. Zu anderen Zeiten wirkte die Fläche gespalten von aufgebrochenen und erstarrten Wellen. Chroniken berichten von Wintern, in denen man die Halbinsel Hela in Schlitten über die Bucht erreichen konnte

◁ *Das Familienbad*

◁ *Das zu Anfang der zwanziger Jahre erbaute Kasino-Hotel schloß sich als großer und vornehmer Bau unmittelbar dem Kurhaus an. Während der Saison fanden auf der nach dem Strande zu gelegenen Tanzfläche an Nachmittagen oder an warmen Sommerabenden Veranstaltungen statt, denen auch Strandbummler von der Promenade aus zusahen*

Gefrorene Ostseewellen am Zoppoter Strand im strengen Winter 1929

Die Waldoper, eine Aufführung der »Meistersinger von Nürnberg«

Segelboote kreuzen vor dem Zoppoter Strand

Die Dorfstraße des Ostseebades Hela auf der gleichnamigen Halbinsel vor dem Ersten Weltkrieg

Kohlefischer am Heubuder Strand

Seit 1909 wurden Gästen und Einheimischen auf einer Freilichtbühne mit idealer Naturkulisse Opernaufführungen geboten. Diese Waldoper erreichte ihre Blüte jedoch erst nach 1918 unter der Intendanz von Hermann Merz, als fast ausschließlich Werke Richard Wagners aufgeführt wurden und es gelang, Orchestermusiker, Sänger und Dirigenten von internationalem Rang zu verpflichten. Einen ganz anderen Interessentenkreis versammelte die Zoppoter Sportwoche. Wenn Pferderennen stattfanden, galt für die Vorortzüge ein zusätzlicher Haltepunkt an der Rennbahn.
Die Stadt, deren Einwohnerzahl bis zu 31 000 Bürgern anstieg, hatte noch ein anderes, viel stilleres Gesicht: die westlich der Danziger Straße gelegenen Wohnviertel, deren Straßen mit kleineren Mietshäusern oder reinen Villenbezirken sich in den Wald vorschoben. Von hier aus wanderte man durch das Schmierauer-, durch das Kaiser-, durch das Kehrwiedertal und machte vielleicht Rast am Großen Stern.

Von einem der Aussichtspunkte in diesem Gebiet erblickte der Wanderer die Umrisse der Halbinsel Hela. Es erinnern sich vor allem ältere Danziger an die Dampferfahrten vor dem Weltkrieg zur Südspitze mit dem gleichnamigen Marktflekken, der vorwiegend eine Fischersiedlung war. Auch nach den politischen Veränderungen waren für die Danziger solche Besuche möglich. Man konnte auch über Putzig mit der Eisenbahn fahren. Seit 1937 gehörte gerade die Südspitze dann zum Festungsbereich, und die polnische Armeeführung erklärte ihn zum Sperrbezirk. Die Fischer, oft über viele Generationen hier ansässig, wurden ausgesiedelt. Der größte Teil von ihnen konnte im Danziger Gebiet aufgenommen werden. Gerade dieser Berufsstand prägte die Danziger Küstenlandschaft. Wenn er auch innerhalb von Zoppot durch den Kurbetrieb verdrängt erschien. so bestimmte er das Bild der übrigen Badeorte entschieden mit. Die kleinen, weißen, meist nur mit Erdgeschoß versehenen Häuser der Fischersiedlungen, deren Fenster und Gärtchen geputzt waren, kannten auch einzelne Privatkurgäste, die den Geruch von Tang und Teer und Tran nicht scheuten, die Abfahrt und Ankunft der Fischer, das Trocknen und Flicken der Netze beobachteten oder wohl gar gelegentlich mit auf die See fuhren.

Die Schlickkohle wird gesammelt

Netze im Herbststurm am Heubuder Strand ▷

Vorbereitungen für den Fischfang ▷

Segelboote in den Lagunen westlich Neufähr

Ein charakteristisches Vorlaubenhaus des Danziger Werders in Herzberg ▷

Auf dem Weg entlang der Freistaatküste bot sich immer wieder ein ähnliches Bild: der Strand mit den Booten, die Gestelle mit den Netzen im Winde, die Dünen, die Kiefernwälder der Nehrung. Das benachbarte Werder aber drängte auch heran, streckenweise an holländische Landschaften mahnend mit den marschähnlichen Wiesen, Entwässerungsgräben und Windschöpfwerken. Im Westen wölbten sich die Gebiete der Danziger Höhe. See und Niederung, Hügel, Täler und Wälder: Wie viele Wege führten aus der Stadt zu ihnen und von ihnen zur Stadt...

1939 zählte Danzig 250 000 Einwohner.

Am 1. September 1939 telegraphierte der polnische Kommandant der Westerplatte, Major Sucharski, um vier Uhr fünfzig an das Kommando der polnischen Kriegsmarine in Gdingen: »Um vier Uhr fünfundvierzig hat der Panzerkreuzer ›Schleswig-Holstein‹ das Feuer gegen die Westerplatte aus allen Rohren eröffnet. Die Beschießung dauert an.«

Der in Danzig geborene Philosoph Arthur Schopenhauer sagt in seinen Aphorismen zur Lebensweisheit: »Meist belehrt erst der Verlust über den Wert der Dinge.«

Pröbbernau auf der Frischen Nehrung. Dahinter verlief der östlichste Teil der Freistaatgrenze zum Deutschen Reich ▷

Danzig – Gdańsk
Ein Nachwort

März 1945. Zerborsten, zerglüht, tot scheint die Stadt. Wer es überlebt hat, dort im Inferno oder irgendwo auf dem großen Treck, der glaubt Danzig, sein Danzig für immer untergegangen. Oft aber, in Träumen und in der wachen Erinnerung, geht er fortan durch die Gassen der Kindheit, läuft über den Strand, steht auf dem Seesteg, durchwandert die Wälder, erlebt seine Heimat und ihre Menschen: Vergangenes, Verlorenes. Wenige hundert Kilometer entfernt die Weichselniederung, aber ferner als andere Kontinente. Zur schwindenden Hoffnung, zum wachsenden Heimweh gesellt sich, schmerzend zunächst, nüchterne Einschätzung des Gewesenen und Gewordenen.
30. März 1945. Kurz vor Kriegsende. Durch Dekret der polnischen Regierung wird Danzig dem polnischen Staat als Gdańsk eingegliedert. Gdańsk wird Hauptstadt einer gleichnamigen Woiwodschaft. 1949 beginnt der Wiederaufbau des historischen Stadtbildes. Artushof, Rathaus, Zeughaus, Krantor, alte Gassen, die Marienkirche entstehen wieder. 1967 zählt die Stadt bereits 350 000 Einwohner.
März 1974. Von Warschau kommend landet die Maschine auf dem Flughafen von Wrzeszcz, dem früheren Langfuhr. Tausende Deutsche haben inzwischen als Touristen ihre Heimat wiedergesehen. Nur eine Reise in die Vergangenheit? Tausende von Begegnungen mit dem Gdańsk von heute, mit seiner Wirklichkeit, seinen Menschen, seiner Geschichte, die Deutsche und Polen mehr miteinander verbindet als trennt.
Danzig ist nicht untergegangen. Vieles davon lebt in Gdańsk fort. Wer unter den wiedererrichteten alten Giebeln deutsche Inschriften und über dem Portal daneben jahrhundertealte polnische Wahlsprüche liest, der kann darauf hoffen, daß leidvolle und glanzvolle europäische Geschichte genug Gemeinsamkeiten für die Zukunft lehrt.

Manfred Lotsch

Literaturhinweise:
Arthur Lindner: Danzig. ^{1} 1903, ^{2} 1913
Erich Keyser: Danzigs Geschichte. ^{2} 1928
Niels Holst: Danzig, ein Buch der Erinnerung. 1949
Walther Hofer: Die Entfesselung des zweiten Weltkrieges. 1960
Carl Jacob Burckhardt: Meine Danziger Mission. 1962
Johann Carl Schultz: Danzig und seine Bauwerke. 1872
Handbuch historischer Stätten: Ost- und Westpreußen. 1966
Danziger Hauskalender, Jahrgänge 1949 bis 1974
Danziger Heimat, Kalender des Bundes der Danziger, Jahrgänge 1955 bis 1961
»Lied der Welle« aus ›Gedicht um eine Stadt‹, hrsg. v. Siegfried Rosenberg, Danziger Verlagshaus Oldenburg, o. J.

Bildquellen:
Verlag und Verfasser danken den im folgenden genannten, vorwiegend privaten Leihgebern, für die freundliche Unterstützung mit Bildvorlagen:
Herrn Hans Behrend, Stuttgart; Frau Edith Kückbusch, Lübeck-Israelsdorf; Herrn Walter Sperling, Bad Tölz; Herrn Dr. Werner Zwickel, Lübeck; der Redaktion ›Unser Danzig‹, Frau Edith Boy; der Bibliothek im Haus des Deutschen Ostens, Frau Hofmann.